Jean Paré ®

LES TARTES

Company's Coming ®

Photo de couverture
Tarte aux pommes et canneberges page 109

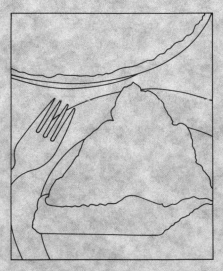

LES TARTES

Première édition, septembre 1992

ISBN 1-895455-06-5

Publié et distribué par
Company's Coming Publishing Limited
C.P. 8037, succursale F
Edmonton (Alberta) Canada
T6H 4N9

Imprimé au Canada
Printed in Canada

Collection de livres de cuisine Company's Coming de Jean Paré :

Livre à couverture rigide, en anglais

JEAN PARÉ'S FAVORITES
VOLUME ONE

Livres à couverture souple, en anglais

150 DELICIOUS SQUARES	VEGETABLES
CASSEROLES	MAIN COURSES
MUFFINS & MORE	PASTA
SALADS	CAKES
APPETIZERS	BARBECUES
DESSERTS	DINNERS OF THE WORLD
SOUPS & SANDWICHES	LUNCHES
HOLIDAY ENTERTAINING	PIES
COOKIES	LIGHT RECIPES (avril 1993)

Livres de cuisine de la collection Jean Paré :

Livres à couverture souple, en français

150 DÉLICIEUX CARRÉS	LES BARBECUES
LES CASSEROLES	LES TARTES
MUFFINS ET PLUS	DÉLICES DES FÊTES (novembre 1992)
LES DÎNERS	RECETTES LÉGÈRES (avril 1993)

table des Matières

L'histoire de Jean Paré

Jean Paré est originaire d'Irma, petite ville rurale de l'est de l'Alberta (Canada). En grandissant, pendant la Dépression, Jean comprit rapidement que l'important dans la vie, c'est la famille, les amis et les petits plats mijotés à la maison. Jean tient de sa mère, Ruby Elford, son appréciation de la bonne cuisine tandis que son père, Edward Elford, loua même ses premiers essais. Jean quitta la maison familiale munie de recettes éprouvées et animée de son amour des chaudrons et du désir particulier de dévorer les livres de cuisine comme des romans!

Alors qu'elle élevait ses quatre enfants, Jean s'affairait dans sa cuisine, préparant de délicieuses et savoureuses gâteries et de succulents repas pour sa famille et tous ses amis, ce qui lui valut la réputation d'être la maman qui serait heureuse de nourrir le voisinage.

En 1963, ses enfants tous entrés à l'école, Jean offrit de pourvoir la nourriture qui serait servie à l'occasion du 50e anniversaire de l'École d'agriculture de Vermilion, aujourd'hui le Collège Lakeland. Travaillant chez elle, Jean prépara un repas pour plus de mille personnes. Cette petite aventure marqua les débuts d'un florissant service de traiteur qui prospéra pendant plus de dix-huit ans et qui permit à Jean de tester une foule de nouvelles idées et de s'enquérir sur-le-champ de l'avis de ses clients — dont les assiettes vides et les mines réjouies disaient long! Qu'il s'agisse de préparer des amuse-gueule pour une réception à domicile ou de servir un repas chaud à 1 500 personnes, Jean Paré avait la réputation de servir de la bonne nourriture à un prix abordable, avec le sourire.

Très souvent, des admirateurs en quête des secrets culinaires de Jean lui demandaient «Pourquoi n'écrivez-vous pas un livre de cuisine?». À l'automne 1980, Jean faisait équipe avec Grant Lovig, son fils, et ensemble, ils fondaient Company's Coming Publishing Ltd. qui lançait un premier titre, *150 Delicious Squares*, le 14 avril 1981. Quoique personne ne le savait à l'époque, ce livre était le premier d'une série qui deviendrait la collection de livres de cuisine la plus vendue au Canada. Company's Coming sortit un nouveau titre chaque année pendant six ans, puis deux par année à compter de 1987.

L'époque où Jean Paré était installée chez elle, dans une chambre d'ami, est bel et bien révolue. Aujourd'hui, elle travaille dans une grande cuisine d'essai moderne sise à Vermilion (Alberta), non loin de la maison qu'elle et son mari, Larry, ont construite. Company's Coming emploie à temps plein des agents de commercialisation dans les grands centres canadiens et dans quelques villes américaines. Le siège social de l'entreprise est établi à Edmonton (Alberta) et regroupe les fonctions de distribution, de comptabilité et d'administration dans de nouveaux bureaux de 20 000 pieds carrés. Les livres de cuisine Company's Coming sont vendus partout au Canada et aux États-Unis et dans certains pays étrangers. La traduction vers l'espagnol et le français a débuté en 1990.

Jean Paré a un penchant pour les recettes simples aux ingrédients bon marché et faciles à se procurer. Ses merveilleuses recettes, qui ont su résister au passage du temps et qui sont souvent autant de fragments de patrimoine familial, constituent un atout dont aucun cuisinier ne saurait se passer. C'est donc avec grand plaisir que nous vous invitons vous aussi à GOÛTER LA TRADITION.

avant-propos

Les tartes, seul dessert réellement universel, se prêtent à d'infinies compositions. Quoi de plus chaleureux qu'une tarte fraîchement sortie du four pour accueillir la famille et les amis? Dans cet ouvrage, vous découvrirez tout un monde de tartes, d'une diversité dont vous ne vous seriez jamais douté. Vous vous sentez d'humeur aventureuse? Essayez la tarte c'est-si-bon, la tarte au chocolat et au moka ou la tarte à la crème glacée aux pêches. Pour changer, optez pour une tarte aux fruits, comme la tarte aux poires.

Une bonne tarte est un chef-d'œuvre à la portée de tous, mais pour le réussir, il faut d'abord réussir la pâte. Le secret d'une belle pâte est de la manipuler le moins possible. N'étirer jamais une abaisse pour l'ajuster parce qu'elle rétrécit à la cuisson. Avant de verser la garniture dans l'abaisse, la badigeonner de margarine molle ou de blanc d'œuf légèrement battu pour que la garniture ne détrempe pas la pâte. Cuire les abaisses sur la grille la plus basse du four, mais faire dorer les tartes meringuées dans le haut du four. Pour relever le goût des garnitures aux fruits ou autres, y ajouter du jus de citron, du zeste de citron râpé ou des épices de pâtisserie. Ajuster la quantité de sucre au goût. N'importe quelle tarte gagne à être garnie de crème fouettée, même si on ne le précise pas dans la recette. La crème glacée est l'accompagnement de rigueur des tartes servies tièdes. Une garniture de meringue habille la plus simple des tartes. Le fromage rehausse le goût de toutes les garnitures aux fruits, et particulièrement de celle aux pommes. Essayez-le avec la tarte au mincemeat et aux bleuets.

Pour changer la saveur des tartes et créer de nouveaux délices, substituer d'autres croûtes à la traditionnelle pâte brisée. Par exemple, une tarte givrée peut être servie dans une abaisse de pâte brisée tout autant que dans une croûte de chapelure de biscuits Graham ou une croûte de chapelure de gaufrettes à la vanille, au chocolat ou même au beurre d'arachides. Pour que la croûte dore, la badigeonner de lait ou de blanc d'œuf légèrement battu avant la cuisson. Pour la foncer, la badigeonner d'un jaune d'œuf battu additionné d'une cuillerée à soupe d'eau. Pour finir, saupoudrer le tout de sucre granulé.

L'épaisseur des garnitures dépend du montant de farine, de fécule de maïs ou de tapioca à cuisson rapide que l'on y ajoute. Les garnitures aux fruits ont tendance à bouillonner et à déborder pendant la cuisson. Pour limiter les éclaboussures, on peut placer une étagère à tarte percée en son centre sous la tarte, dans le four. Les tartes sont à leur meilleur servies sans tarder, surtout les tartes à la crème anglaise ou à la crème qui ne se congèlent pas bien. Les tartes aux fruits se conservent bien trois à six mois au congélateur et les tartes mousselines, un mois. Les abaisses de pâte brisée, précuites ou non, se congèlent également très bien, et se conservent six mois. On coupe généralement une tarte en six pointes, mais les tartes très épaisses ou très riches peuvent très bien suffire pour huit. Quoiqu'il en soit, que vous affectionniez la tarte au dessert ou comme en-cas, le jour ou la nuit, rien ne vaut une pointe de tarte faite maison. Bonnes tartes!

Jean Paré

TARTE AUX FRUITS À LA JAPONAISE

Un régal de noix de coco et de raisins secs.

Œufs	2	2
Sucre granulé	1 tasse	225 mL
Beurre ou margarine, fondu et refroidi	1/2 tasse	125 mL
Noix de coco	1/2 tasse	125 mL
Raisins secs	1/2 tasse	125 mL
Pacanes ou noix de Grenoble, hachées	1/2 tasse	125 mL
Vanille	1 c. à thé	5 mL
Vinaigre	2 c. à thé	10 mL
Fond de tarte de 22 cm (9 po), voir page 140	1	1

Dans un bol, monter les œufs en neige légère, puis incorporer le sucre et le beurre.

Ajouter les 5 ingrédients suivants. Remuer.

Verser l'appareil dans la croûte. Cuire sur la plus basse grille du four, à 350 °F (180 °C), quelque 40 minutes, jusqu'à ce que la garniture soit prise. Donne 1 tarte.

Photo à la page 17.

TARTE À LA FARLOUCHE

Une tarte qui convient à tous les budgets. La servir chaude avec de la crème glacée ou de la crème de table.

Farine tout usage	1 1/4 tasse	300 mL
Cassonade, tassée	3/4 tasse	175 mL
Sel	1/2 c. à thé	2 mL
Beurre ou margarine	1/2 tasse	125 mL
Bicarbonate de soude	1 c. à thé	5 mL
Eau chaude	1 tasse	250 mL
Mélasse	1/2 tasse	125 mL
Œuf	1	1
Cannelle	1/2 c. à thé	2 mL
Muscade	1/4 c. à thé	1 mL
Gingembre	1/4 c. à thé	1 mL
Fond de tarte de 22 cm (9 po), voir page 140	1	1

(suite...)

Mélanger les 4 premiers ingrédients dans un bol. Avec un mélangeur à pâtisserie ou deux couteaux, incorporez le beurre jusqu'à obtenir un mélange grossier.

Dans un autre bol, mélanger le bicarbonate de soude et l'eau chaude. Ajouter la mélasse, l'œuf, la cannelle, la muscade et le gingembre. Battre le tout.

Répandre ⅓ du mélange grossier dans la croûte, puis y verser l'appareil de mélasse. Répandre le reste du mélange grossier sur le tout. Cuire sur la plus basse grille du four, à 350 °F (180 °C), 45 à 50 minutes, jusqu'à ce qu'un couteau inséré au milieu de la tarte ressorte propre. Donne 1 tarte.

Photo à la page 17.

TARTE AU RUBAN DE PACANES

Un doux mélange de fromage crémeux, de pacanes et de sirop.

PREMIÈRE COUCHE

Fromage à la crème, ramolli	4 oz	125 g
Sucre granulé	3 c. à soupe	50 mL
Œuf	1	1
Vanille	½ c. à thé	2 mL
Sel	⅛ c. à thé	0,5 mL
Fond de tarte de 22 cm (9 po), voir page 140	1	1

DEUXIÈME COUCHE

Pacanes, en moitiés ou hachées	¾ tasse	175 mL

TROISIÈME COUCHE

Œufs	3	3
Sucre granulé	⅓ tasse	75 mL
Sirop de maïs, pâle ou foncé	⅔ tasse	150 mL
Vanille	1 c. à thé	5 mL

Première couche : Fouetter le fromage à la crème et le sucre dans un petit bol, jusqu'à consistance homogène. Ajouter l'œuf, la vanille et le sel et fouetter à vitesse moyenne, jusqu'à retrouver une consistance homogène.

Verser l'appareil dans la croûte.

Deuxième couche : Répandre les pacanes sur la couche de fromage.

Troisième couche : Dans un petit bol, monter les œufs en neige légère. Ajouter le sucre, le sirop et la vanille. Fouetter lentement jusqu'à ce que les ingrédients soient bien mélangés. Verser l'appareil sur les pacanes. Cuire au four à 375 °F (190 °C) 35 à 40 minutes, jusqu'à ce que la garniture soit prise et qu'elle ne s'affaisse pas au toucher. Donne 1 tarte.

TARTE ÉPONGE AU CITRON

Une délicieuse tarte citronnée des plus légères. Différente de la tarte au citron traditionnelle.

Blancs d'œufs, à la température de la pièce	3	3
Jaunes d'œufs	3	3
Beurre ou margarine, ramolli	2 c. à soupe	30 mL
Zeste d'un citron, râpé	1	1
Jus d'un citron	1	1
Lait	1 tasse	250 mL
Sucre granulé	1 tasse	250 mL
Farine tout usage	1/4 tasse	60 mL
Sel	1/8 c. à thé	0,5 mL
Fond de tarte de 22 cm (9 po), voir page 140	1	1

Dans un petit bol, monter les blancs d'œufs en neige ferme. Mettre de côté.

Dans un autre bol, fouetter les jaunes d'œufs. Au fouet, incorporer graduellement le beurre, le zeste et le jus d'un citron et le lait.

Dans un autre petit bol, tamiser le sucre, la farine et le sel et incorporer le tout au premier mélange. Incorporer cet appareil aux blancs d'œufs, en pliant.

Verser l'appareil dans la croûte. Cuire sur la plus basse grille du four, à 350 °F (180 °C), 35 à 40 minutes, jusqu'à ce que la tarte soit gonflée et dorée. Donne 1 tarte.

TARTE AU CITRON À L'AMÉRICAINE

Cette variante de la tarte au citron traditionnelle provient des états méridionaux de l'Amérique du Nord.

Œufs	4	4
Sucre granulé	2 tasses	450 mL
Farine tout usage	1 c. à soupe	15 mL
Semoule de maïs	1 c. à soupe	15 mL
Jus de citron	1/4 tasse	50 mL
Zeste de citron râpé	1 c. à soupe	15 mL
Lait	1/4 tasse	50 mL
Beurre ou margarine, fondu	1/4 tasse	50 mL
Fond de tarte de 22 cm (9 po), voir page 140	1	1

(suite...)

Dans un bol, monter les œufs en neige légère.

Ajouter les 7 ingrédients suivants. Fouetter jusqu'à obtenir un mélange homogène.

Verser l'appareil dans la croûte. Si une abaisse de 22 cm (9 po) achetée toute faite est employée, il restera de la garniture. Cuire environ 150 mL (²/₃ tasse) de garniture séparément, dans un petit bol. Cuire la tarte au four à 350 °F (180 °C) 40 à 50 minutes, jusqu'à ce que la garniture soit prise et bien dorée. Donne 1 tarte.

TARTE C'EST-SI-BON

Un mémorable mélange de raisins secs et de pacanes.

Beurre ou margarine, ramolli	**¹/₂ tasse**	**125 mL**
Sucre granulé	**1 tasse**	**225 mL**
Jaunes d'œufs	**4**	**4**
Vinaigre	**1 c. à thé**	**5 mL**
Vanille	**1 c. à thé**	**5 mL**
Cannelle	**¹/₂ c. à thé**	**2 mL**
Quatre-épices	**¹/₂ c. à thé**	**2 mL**
Raisins secs	**³/₄ tasse**	**175 mL**
Pacanes, entières ou hachées	**³/₄ tasse**	**175 mL**
Blancs d'œufs, à la température de la pièce	**4**	**4**
Fond de tarte de 22 cm (9 po), voir page 140	**1**	**1**

Battre en crème le beurre et le sucre. Incorporer les jaunes d'œufs. Ajouter le vinaigre, la vanille, la cannelle et le quatre-épices. Mélanger le tout.

En remuant, incorporer les raisins secs et les pacanes.

Monter les blancs d'œufs en neige ferme. Les incorporer, en pliant, à l'appareil.

Verser l'appareil dans la croûte. Cuire sur la plus basse grille du four, à 350 °F (180 °C), 35 à 40 minutes, jusqu'à ce que la garniture soit prise. Donne 1 tarte.

TARTE DU KENTUCKY

Des brisures de chocolat et des noix — que demander de plus?

Brisures de chocolat mi-sucré	1 tasse	250 mL
Fond de tarte de 22 cm (9 po), voir page 140	1	1

GARNITURE

Beurre ou margarine, fondu	1/2 tasse	125 mL
Sucre granulé	1 tasse	225 mL
Œufs	2	2
Vanille	1 c. à thé	5 mL
Bourbon	2 c. à soupe	30 mL
Farine tout usage	1/2 tasse	125 mL
Pacanes, hachées	1 tasse	250 mL

Étaler les brisures de chocolat au fond de la croûte.

Garniture : Dans un bol, battre en crème le beurre et le sucre. Ajouter les œufs, un à la fois, en fouettant jusqu'à ce qu'ils soient bien mélangés. Ajouter la vanille et le bourbon. Mélanger le tout.

En remuant, incorporer la farine et les pacanes. Verser l'appareil dans la croûte. Cuire au four à 350 °F (180 °C) 40 à 50 minutes, jusqu'à ce qu'un cure-dents inséré au centre de la tarte ressorte propre. Donne 1 tarte.

TARTE AU CHOCOLAT ET AUX PACANES : Omettre le bourbon.

TARTE FONDANTE AU CHOCOLAT

Une tarte au flan à couper en petites pointes parce qu'elle est riche. Pour se sucrer le bec, servir avec une petite cuillerée de crème glacée et napper de sauce au chocolat.

Beurre ou margarine, ramolli	1/2 tasse	125 mL
Sucre granulé	1 tasse	250 mL
Cacao	3 c. à soupe	50 mL
Œufs	2	2
Vanille	1 c. à thé	5 mL
Farine tout usage	2/3 tasse	150 mL
Pacanes ou noix de Grenoble, hachées	1/2 tasse	125 mL
Fond de tarte de 22 cm (9 po), voir page 140	1	1

(suite...)

Dans une casserole moyenne, mélanger le beurre, le sucre et le cacao. Cuire à feu moyen, en remuant jusqu'à ce que le beurre soit fondu. Retirer du feu.

Incorporer les œufs l'un après l'autre, au fouet. Ajouter la vanille.

En remuant, incorporer la farine et les noix.

Verser l'appareil dans la croûte. Cuire au four à 350 °F (180 °C) quelque 30 minutes, jusqu'à ce que la garniture soit prise. Pour vérifier si la cuisson est terminée, insérer un cure-dents en bois au centre de la tarte; si celle-ci est prête, le cure-dents ressortira humide et couvert de quelques miettes. Servir la tarte tiède ou froide. Donne 1 tarte.

TARTE EN TORTUE

Une tarte d'une richesse extrême, à savourer en petites portions. Un délice fourré au caramel et enrobé de pacanes et de chocolat.

Pacanes, hachées	$1/3$ tasse	75 mL
Abaisse précuite de 22 cm (9 po), voir page 140	1	1
Lait condensé sucré	$1/2$ tasse	125 mL
Cassonade, tassée	$1/2$ tasse	125 mL
Beurre ou margarine	$1/2$ tasse	125 mL
Sirop de maïs	2 c. à soupe	30 mL
Pacanes, en moitiés	16	16
Brisures de chocolat mi-sucré	$2/3$ tasse	150 mL
Beurre ou margarine	2 c. à soupe	30 mL

Étaler les pacanes hachées au fond de la croûte.

Dans un poêlon, mélanger les 4 prochains ingrédients. Porter à ébullition en remuant, à feu moyen. Laisser bouillir 5 minutes, sans cesser de remuer, parce que le mélange colle facilement. Retirer du feu. Battre lentement à la cuillère environ 2 minutes, jusqu'à ce que le mélange commence à épaissir. Ne pas le battre trop longtemps parce qu'il durcit en refroidissant. L'étaler à la cuillère sur les pacanes hachées.

Imaginer la tarte coupée en 8 pointes. Déposer les moitiés de pacanes sur le pourtour de la tarte, tout contre le bord. Il y en aura deux par pointe. Les pacanes forment les pieds de la tortue. Les enfoncer dans la garniture pour qu'elles restent debout. Laisser refroidir.

Faire fondre les brisures de chocolat et le beurre dans une petite casserole, à feu doux. Étaler le chocolat fondu sur la tarte. Réfrigérer. Donne 1 tarte.

Photo à la page 71.

TARTE AMANDINE AU FOUR

Dresser la garniture dans une abaisse de pâte brisée ou dans des fonds de tartelettes. Un régal!

Confiture de framboises, ou une autre confiture de fruits rouges	¹/₂ tasse	125 mL
Fond de tarte de 22 cm (9 po), voir page 140	1	1
GARNITURE		
Beurre ou margarine, ramolli	¹/₂ tasse	125 mL
Sucre granulé	¹/₂ tasse	125 mL
Jaunes d'œufs	3	3
Chapelure fine (ou miettes de gâteau, réduites en fine poudre)	¹/₃ tasse	75 mL
Essence d'amande	¹/₄ c. à thé	1 mL
Amandes moulues	³/₄ tasse	175 mL
Blancs d'œufs, à la température de la pièce	3	3

Étaler la confiture dans la croûte.

Garniture : Mélanger les 6 premiers ingrédients dans un bol, suivant l'ordre listé.

Monter les blancs d'œufs en neige ferme. Les incorporer, en pliant, à l'appareil. Verser celui-ci dans la croûte, sur la confiture. Cuire sur la plus basse grille du four, à 350 °F (180 °C), quelque 40 minutes, jusqu'à ce que la garniture soit prise et ne s'affaisse pas au toucher. Donne 1 tarte.

TARTE PRALINÉE AU CARAMEL

Une gâterie veloutée fourrée au chocolat et aux noix.

Brisures de chocolat mi-sucré	1 tasse	250 mL
Beurre ou margarine	¹/₄ tasse	50 mL
Lait condensé sucré (voir remarque),	11 oz	300 mL
Œufs	2	2
Vanille	1 c. à thé	5 mL
Sel	¹/₈ c. à thé	0,5 mL
Pacanes, en moitiés ou hachées	1 tasse	250 mL
Fond de tarte de 22 cm (9 po), voir page 140	1	1

(suite...)

Mélanger les 3 premiers ingrédients dans une casserole. Cuire à feu moyen, en remuant souvent pour faire fondre les brisures de chocolat et obtenir un appareil homogène. Retirer du feu.

En remuant, incorporer les œufs, la vanille et le sel.

Ajouter les pacanes. Mélanger.

Verser l'appareil dans la croûte. Cuire sur la plus basse grille du four, à 350 °F (180 °C), 40 à 45 minutes, jusqu'à ce que la garniture soit prise. Servir tiède ou froide. Donne 1 tarte.

Remarque : on peut substituer une boîte de 398 mL (14 oz).

TARTE AUX PACANES

Une tarte couronnée de pacanes, au centre riche et velouté.

Œufs	3	3
Sucre granulé ou cassonade	1 tasse	250 mL
Farine tout usage	1 c. à soupe	15 mL
Sirop de maïs, pâle ou foncé	1 tasse	250 mL
Beurre ou margarine, fondu	2 c. à soupe	30 mL
Vanille	1 c. à thé	5 mL
Pacanes, en moitiés, petites si possible	1 tasse	250 mL
Fond de tarte de 22 cm (9 po), voir page 140	1	1

Dans un bol, légèrement battre les œufs. Ajouter le sucre et la farine, en remuant. Ajouter le sirop, le beurre et la vanille. Incorporer les pacanes.

Verser l'appareil dans la croûte. Cuire sur la plus basse grille du four, à 350 °F (180 °C), 50 à 60 minutes, jusqu'à ce que la garniture soit presque prise au milieu. Un couteau inséré à mi-chemin entre le bord et le milieu de la tarte devrait ressortir propre. Laisser refroidir. Donne 1 tarte.

TARTE AUX RAISINS SECS ET AUX NOIX

Au goût, cette tarte rappelle le gâteau aux épices.

Sucre granulé	1 tasse	225 mL
Jaunes d'œufs	3	3
Beurre ou margarine, ramolli	2 c. à soupe	30 mL
Vinaigre	2 c. à thé	10 mL
Cannelle	1/2 c. à thé	2 mL
Muscade	1/4 c. à thé	1 mL
Raisins secs	1 tasse	250 mL
Noix de Grenoble ou pacanes, hachées	1/2 tasse	125 mL
Blancs d'œufs, à la température de la pièce	3	3
Fond de tarte de 22 cm (9 po), voir page 140	1	1

Mélanger les 6 premiers ingrédients dans un bol. Bien battre le tout.

En remuant, incorporer les raisins secs et les noix de Grenoble.

Dans un petit bol, monter les blancs d'œufs en neige ferme. Les incorporer, en pliant, au mélange de raisins. Verser l'appareil dans la croûte. Cuire au four à 350 °F (180 °C) 30 à 40 minutes, jusqu'à ce que la tarte soit prise. Servir tiède. Donne 1 tarte.

1. Tarte aux fruits à la japonaise page 8
2. Tarte à la farlouche page 8
3. Tarte au café caramélisée page 26
4. Tarte au fond noir page 64

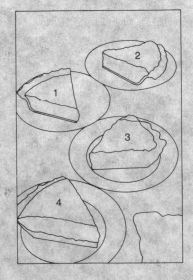

TARTE À LA NOIX DE COCO

Un goût et une texture particuliers.

Œufs	3	3
Sucre granulé	1½ tasse	350 mL
Beurre ou margarine, fondu	½ tasse	125 mL
Jus de citron	1 c. à soupe	15 mL
Vanille	1 c. à thé	5 mL
Noix de coco, râpée fin	1 tasse	225 mL
Fond de tarte de 22 cm (9 po), voir page 140	1	1

Fouetter les œufs pour les faire mousser. Ajouter le sucre et le beurre. Battre le tout. En remuant, incorporer le jus de citron, la vanille et la noix de coco.

Verser l'appareil dans la croûte. Cuire sur la plus basse grille du four, à 350 °F (180 °C), quelque 40 minutes, jusqu'à ce que la garniture soit prise. Donne 1 tarte.

TARTE AUX CERISES GLACÉE

Des cerises fraîches nappées de gélatine parfumée à la cerise. Garnir de crème fouettée au moment de servir.

Gélatine parfumée à la cerise	1 × 3 oz	1 × 85 g
Eau bouillante	⅔ tasse	150 mL
Sucre granulé	1 tasse	250 mL
Cerises fraîches, dénoyautées	2 tasses	500 mL
Cerises fraîches, dénoyautées, en moitiés	2 tasses	500 mL
Abaisse précuite de 22 cm (9 po), voir page 140	1	1

Verser la gélatine dans l'eau bouillante, dans un bol moyen, et remuer jusqu'à ce qu'elle soit dissoute.

Mélanger le sucre et les cerises entières dans une casserole moyenne. Remuer. Réduire les cerises en purée, puis chauffer en remuant jusqu'à ébullition. Cuire 2 minutes. Ajouter la gélatine dissoute. Retirer du feu.

Étaler les cerises coupées en moitiés au fond de la croûte. Verser l'appareil chaud sur les fruits. Éviter de trop remplir la croûte. Il pourrait rester du mélange. Réfrigérer la tarte au moins 4 heures avant de la couper. Donne 1 tarte.

TARTE À LA CITROUILLE ET AUX PACANES

Un délice fourré à la citrouille et garni de noix.

Œufs	3	3
Citrouille nature, en conserve	14 oz	398 mL
Sucre granulé	1/2 tasse	125 mL
Sirop de maïs	1/2 tasse	125 mL
Cannelle	3/4 c. à thé	4 mL
Gingembre	1/4 c. à thé	1 mL
Sel	1/4 c. à thé	1 mL
Beurre ou margarine, fondu	2 c. à soupe	30 mL
Fond de tarte de 22 cm (9 po), voir page 140	1	1
Pacanes ou noix de Grenoble, hachées	1 tasse	250 mL
Crème fouettée, voir page 30		

Dans un bol, légèrement fouetter les œufs. Ajouter les 7 ingrédients suivants, dans l'ordre donné, et bien mélanger.

Verser l'appareil dans la croûte.

Répandre les pacanes sur l'appareil, en une couche égale. Cuire sur la plus basse grille du four, à 450 °F (235 °C), 10 minutes. Baisser le four à 350 °F (180 °C) et cuire quelque 35 minutes de plus, jusqu'à ce qu'un couteau inséré au milieu de la tarte ressorte propre. Laisser refroidir.

Servir garnie de crème fouettée. Donne 1 tarte.

TARTE À L'ANANAS RAPIDE

Simple comme bonjour! Plutôt sure que sucrée.

Ananas broyé, dans son jus	14 oz	398 mL
Crème sure	1 tasse	225 mL
Pouding à la vanille instantané, format 4 portions	1	1
Abaisse précuite de 22 cm (9 po), voir page 140	1	1
Crème fouettée, voir page 30		

Dans un bol, bien mélanger les 3 premiers ingrédients.

Verser l'appareil dans la croûte. Réfrigérer.

Garnir de crème fouettée. Donne 1 tarte.

TARTE AUX FRAMBOISES CITRONNÉE

Un beau dessert onctueux, que l'on coupera en pointes épaisses.

Croûte de chapelure de biscuits Graham précuite, voir page 73	1	1
Lait condensé sucré (voir remarque)	11 oz	300 mL
Jus de lime	$1/_2$ tasse	125 mL
Garniture à dessert surgelée, dégelée	2 tasses	500 mL
Quelques gouttes de colorant alimentaire rouge (au goût)	3 à 6	3 à 6
Framboises fraîches	1 tasse	250 mL
Framboises fraîches	8 à 12	8 à 12

Préparer la croûte. La laisser refroidir.

Verser le lait condensé dans un bol. Y incorporer le jus de lime, puis la garniture à dessert surgelée et le colorant alimentaire.

Incorporer doucement, en pliant, la première quantité de framboises. Verser l'appareil dans la croûte.

Décorer la tarte avec les autres framboises, en les dressant en petit tas au centre. Réfrigérer. Donne 1 tarte.

Remarque : on peut substituer une boîte de 398 mL (14 oz).

TARTE AUX BLEUETS GIVRÉE

On se disputera le dernier morceau!

Fromage à la crème, ramolli	8 oz	250 g
Sucre à glacer	1 tasse	250 mL
Jus de citron	1 c. à soupe	15 mL
Garniture à dessert surgelée, dégelée	2 tasses	500 mL
Croûte de chapelure de biscuits Graham précuite, voir page 73	1	1
Garniture de tarte aux bleuets, en conserve	19 oz	540 mL

Fouetter le fromage à la crème, le sucre à glacer et le jus de citron dans un petit bol, jusqu'à obtenir un mélange homogène.

Incorporer, en pliant, la garniture à dessert à l'appareil de fromage.

Verser le tout dans la croûte. Réfrigérer environ 2 heures.

Dresser la garniture aux bleuets sur la tarte, à la cuillère. Une boîte de garniture sera probablement amplement suffisante, sans compter qu'il ne peut jamais y avoir trop de garniture sur une tarte. Réfrigérer. Donne 1 tarte.

TARTE MOUSSELINE À LA LIME

Particulièrement rafraîchissante l'été, cette tarte est bonne dans une croûte de pâte brisée, mais succulente dans une croûte au chocolat.

Gélatine non parfumée	1 x ¼ oz	1 x 7 g
Eau	¼ tasse	60 mL
Jus de lime	½ tasse	125 mL
Jaunes d'œufs	4	4
Sucre granulé	⅔ tasse	150 mL
Zeste de lime râpé fin	1 c. à thé	5 mL
Blancs d'œufs, à la température de la pièce	4	4
Sucre granulé	½ tasse	125 mL
Crème à fouetter (ou 1½ sachet de garniture à dessert)	1½ tasse	375 mL
Quelques gouttes de colorant alimentaire vert (au goût)	2 à 4	2 à 4
Abaisse précuite de 22 cm (9 po), voir page 140, ou croûte de gaufrettes au chocolat, voir page 29	1	1
Copeaux de chocolat		
Crème fouettée réservée	1 tasse	250 mL

Saupoudrer la gélatine sur l'eau, dans un poêlon. Laisser reposer 1 minute. Porter à ébullition en remuant.

Dans un petit bol, mélanger les 4 ingrédients suivants. Bien battre le mélange à la cuillère. En remuant, l'incorporer à la gélatine et porter le tout à nouvelle ébullition. Laisser refroidir l'appareil, puis le réfrigérer jusqu'à ce qu'il monte en pics à la cuillère.

Fouetter les œufs pour les faire mousser. Ajouter graduellement la seconde mesure de sucre, sans cesser de fouetter, jusqu'à ce que le mélange monte et que le sucre soit dissous. Incorporer cet appareil au mélange de gélatine.

Dans un petit bol, fouetter la crème pour qu'elle épaississe. En réserver 250 mL (1 tasse). Incorporer le reste de crème au mélange de gélatine en pliant. Ajouter le colorant alimentaire vert, s'il y a lieu.

Verser l'appareil dans la croûte. Réfrigérer.

Pour garnir, dresser un tas de copeaux de chocolat au milieu de la tarte. Mettre la crème fouettée réservée dans une poche à pâtisserie et décorer le pourtour de la tarte à la douille. Réfrigérer. Donne 1 tarte.

TARTE DAIQUIRI : Substituer 30 mL (2 c. à soupe) d'eau aux 60 mL (¼ tasse). Ajouter 30 à 45 mL (2 à 3 c. à soupe) de rhum blanc à l'eau. Changer les proportions au goût.

TARTE AU CHOCOLAT ET AU MOKA

Une grande tarte haute qui rappelle la mousse au chocolat. Avis aux amateurs de chocolat!

Gélatine non parfumée	2 x $^1/_4$ oz	2 x 7 g
Eau	$^1/_2$ tasse	125 mL
Beurre ou margarine	2 c. à soupe	30 mL
Cacao	$^1/_2$ tasse	125 mL
Lait	1$^3/_4$ tasse	400 mL
Sucre granulé	$^1/_2$ tasse	125 mL
Granules de café instantané	3 c. à soupe	50 mL
Vanille	1 c. à thé	5 mL
Jaunes d'œufs	2	2
Blancs d'œufs, à la température de la pièce	2	2
Crème de tartre	$^1/_4$ c. à thé	1 mL
Sucre granulé	$^1/_2$ tasse	125 mL
Crème à fouetter (ou 1 sachet de garniture à dessert)	1 tasse	250 mL
Abaisse précuite de 22 cm (9 po), voir page 140	1	1
CRÈME FOUETTÉE (au goût)		
Crème à fouetter (ou 1 sachet de garniture à dessert)	1 tasse	250 mL
Sucre granulé	2 c. à thé	10 mL
Vanille	$^1/_2$ c. à thé	2 mL

Saupoudrer la gélatine sur l'eau, dans une casserole moyenne. Laisser reposer 1 minute. Chauffer, en remuant pour dissoudre la gélatine.

Ajouter le beurre, le cacao et le lait. Porter à ébullition en remuant souvent.

Dans un petit bol, bien mélanger la première mesure de sucre, les granules de café, la vanille et les jaunes d'œufs. En remuant, incorporer cet appareil au lait en ébullition, et porter le tout à nouvelle ébullition. Retirer du feu. Laisser refroidir jusqu'à ce que l'appareil monte en pics à la cuillère.

Fouetter les œufs et la crème de tartre jusqu'à obtenir des pics mous. Ajouter graduellement la seconde mesure de sucre, sans cesser de fouetter jusqu'à ce que le mélange monte en neige ferme. L'incorporer, en pliant, à l'appareil refroidi.

Fouetter la crème pour qu'elle épaississe. L'incorporer à l'appareil refroidi. Verser celui-ci dans la croûte. Réfrigérer.

Crème fouettée : Dans un petit bol, fouetter la crème, le sucre et la vanille jusqu'à ce que le mélange épaississe. Dresser à la cuillère sur la tarte. Donne 1 tarte.

Photo à la page 71.

TARTE À L'ANANAS

Cette tarte digne des dieux doit sa teinte rosée aux cerises. Elle est épaisse et savoureuse avec sa croûte de sablés.

CROÛTE DE SABLÉS

Farine tout usage	1 1/2 tasse	350 mL
Sucre granulé	2 c. à soupe	30 mL
Beurre ou margarine	3/4 tasse	175 mL

GARNITURE

Ananas broyé, dans son jus	19 oz	540 mL
Sucre granulé	2/3 tasse	150 mL
Fécule de maïs	3 c. à soupe	50 mL
Jus de citron	1 c. à thé	5 mL
Cerises au marasquin, hachées	1/3 tasse	75 mL
Jus des cerises	3 1/2 c. à soupe	55 mL
Essence d'amande	1 c. à thé	5 mL

MERINGUE

Blancs d'œufs, à la température de la pièce	3	3
Crème de tartre	1/4 c. à thé	1 mL
Sucre granulé	1/4 tasse	50 mL
Vanille	1 c. à thé	5 mL
Noix de coco, râpée moyen	2 c. à soupe	30 mL

Croûte de sablés : Travailler les 3 ingrédients jusqu'à obtenir un mélange grossier. Le presser sur le fond et les parois d'un moule à tarte de 22 cm (9 po). Cuire au four à 350 °F (180 °C) environ 15 minutes, jusqu'à ce que la croûte soit dorée. La laisser refroidir.

Garniture : Bien mélanger les 4 premiers ingrédients dans une casserole pour dissoudre la fécule de maïs. Porter à ébullition et épaississement, à feu moyen, en remuant. Retirer du feu.

En remuant, incorporer les cerises, le jus des cerises et l'essence d'amande. Verser l'appareil dans la croûte.

Meringue : Monter les blancs d'œufs et la crème de tartre en neige légère. Ajouter le sucre graduellement, en fouettant jusqu'à ce qu'il soit dissous et jusqu'à obtention de pics mous. Ajouter la vanille. Étaler la meringue sur la garniture, en la faisant adhérer à la croûte.

Saupoudrer de noix de coco. Cuire au four à 350 °F (180 °C) environ 10 minutes, jusqu'à ce que la tarte soit dorée. Laisser refroidir. Donne 1 tarte.

Photo à la page 107.

TARTE AU BRANDY

Une tarte classique, d'une légèreté légendaire.

Croûte de chapelure de biscuits Graham précuite, voir page 73, ou abaisse de pâte brisée, voir page 140	1	1
Gélatine non parfumée	1 x ¹/₄ oz	1 x 7 g
Eau	¹/₂ tasse	125 mL
Sucre granulé	²/₃ tasse	150 mL
Jaunes d'œufs	3	3
Crème de cacao	2 c. à soupe	30 mL
Brandy	2 c. à soupe	30 mL
Blancs d'œufs, à la température de la pièce	3	3
Crème à fouetter (ou 1 sachet de garniture à dessert)	1 tasse	250 mL
CRÈME FOUETTÉE		
Crème à fouetter (ou 1 sachet de garniture à dessert)	1 tasse	250 mL
Sucre à glacer	1 c. à soupe	15 mL
Copeaux de chocolat		

Préparer la croûte. La laisser refroidir.

Saupoudrer la gélatine sur l'eau, dans une petite casserole. Laisser reposer 1 minute. Chauffer, en remuant pour dissoudre la gélatine.

Mélanger le sucre et les jaunes d'œufs dans un petit bol. Ajouter cet appareil à la gélatine et porter le mélange à ébullition en remuant. Retirer du feu.

Ajouter la crème de cacao et le brandy. Réfrigérer jusqu'à ce que l'appareil monte en petits pics à la cuillère.

Dans un petit bol, monter les blancs d'œufs en neige ferme. Les incorporer, en pliant, à l'appareil refroidi.

Fouetter la crème pour qu'elle épaississe, en employant les mêmes fouets et le même bol. L'incorporer, en pliant, à la garniture. Verser l'appareil dans la croûte. Réfrigérer.

Crème fouettée : Fouetter la crème et le sucre jusqu'à ce que le mélange épaississe. Dresser à la cuillère sur la tarte.

Décorer de copeaux de chocolat. Donne 1 tarte.

TARTE AU CAFÉ CARAMÉLISÉE

Un vrai régal! La garniture prend pendant la nuit. Il suffit ensuite de décorer la tarte et de servir.

CROÛTE AU CHOCOLAT

Préparation à croûte à tarte (¹/₂ sachet)	1 tasse	225 mL
Cassonade, tassée	¹/₄ tasse	50 mL
Noix de Grenoble, moulues ou hachées fin	¹/₂ tasse	125 mL
Cacao	2 c. à soupe	30 mL
Eau	1 c. à soupe	15 mL

GARNITURE

Beurre ou margarine, ramolli	¹/₂ tasse	125 mL
Sucre granulé	³/₄ tasse	175 mL
Granules de café instantané	2 c. à thé	10 mL
Carré de chocolat non sucré, fondu	1 × 1 oz	1 × 28 g
Œufs	2	2

GARNITURE AU CAFÉ

Crème à fouetter (ou 1 sachet de garniture à dessert)	1 tasse	250 mL
Sucre à glacer	¹/₄ tasse	50 mL
Granules de café instantané, réduits en poudre	1 c. à soupe	15 mL

Copeaux de chocolat

Croûte au chocolat : Mettre les 5 ingrédients dans un bol. Mélanger. Abaisser la pâte sur une surface enfarinée. En garnir un moule à tarte de 22 cm (9 po). Cuire au four à 425 °F (220 °C) 10 minutes. Laisser refroidir.

Garniture : Fouetter en crème le beurre et le sucre dans un petit bol. Ajouter les granules de café et le chocolat. Ajouter 1 œuf et fouetter 5 minutes. Ajouter le second œuf et fouetter 5 minutes de plus.

Verser l'appareil dans la croûte. Couvrir et réfrigérer toute une nuit.

Garniture au café : Fouetter la crème, le sucre et les granules de café écrasés. Étaler cet appareil sur la tarte. Réfrigérer.

Décorer de copeaux de chocolat. Donne 1 tarte.

Photo à la page 17.

TARTE MOUSSELINE À LA CITROUILLE

Une tarte sans cuisson. À base d'œufs en neige et de crème fouettée, elle est d'une exquise légèreté.

Lait	¹/₂ tasse	125 mL
Citrouille nature, en conserve	14 oz	398 mL
Gélatine non parfumée	1 × ¹/₄ oz	1 × 7 g
Eau	¹/₄ tasse	50 mL
Cassonade, tassée	¹/₂ tasse	125 mL
Cannelle	³/₄ c. à thé	4 mL
Gingembre	¹/₂ c. à thé	2 mL
Muscade	¹/₄ c. à thé	1 mL
Sel	¹/₄ c. à thé	1 mL
Jaunes d'œufs	3	3
Blancs d'œufs, à la température de la pièce	3	3
Sucre granulé	6 c. à soupe	100 mL
Crème à fouetter (ou 1 sachet de garniture à dessert)	1 tasse	250 mL
Abaisse précuite de 22 cm (9 po), voir page 140	1	1

Porter le lait et la citrouille à ébullition dans une casserole.

Saupoudrer la gélatine sur l'eau, dans une petite tasse. Laisser reposer 1 minute. L'incorporer, en remuant, au mélange de citrouille. Porter à nouvelle ébullition.

Mélanger les 6 ingrédients suivants dans un petit bol. En remuant, incorporer cet appareil au mélange en ébullition. Retirer du feu. Laisser refroidir, puis réfrigérer jusqu'à obtenir un mélange ayant la consistance d'un sirop épais qui monte en pics.

Dans un petit bol, faire mousser les blancs d'œufs au fouet. Ajouter le sucre graduellement, en fouettant jusqu'à ce qu'il soit dissous et que le mélange monte en pics fermes. L'incorporer, en pliant, à l'appareil refroidi.

Fouetter la crème jusqu'à ce qu'elle épaississe, en employant les mêmes fouets et le même bol. L'incorporer, en pliant, à l'appareil. Verser celui-ci dans la croûte. Réfrigérer. Donne 1 tarte.

TARTE À L'ANANAS ET AUX CERISES

Cette tarte est garnie d'ananas et de cerises.

CROÛTE GRAHAM AUX NOIX

Beurre ou margarine	1/3 tasse	75 mL
Chapelure de biscuits Graham	1 tasse	225 mL
Amandes ou noix de Grenoble, hachées fin	1/4 tasse	50 mL
Cassonade, tassée	1/4 tasse	50 mL

GARNITURE

Crème à fouetter (ou 1 sachet de garniture à dessert)	1 tasse	250 mL
Ananas broyé, égoutté	19 oz	540 mL
Garniture de tarte aux cerises, en conserve	19 oz	540 mL
Fromage à la crème, ramolli	8 oz	250 g
Sucre granulé	1/3 tasse	75 mL
Vanille	1/2 c. à thé	2 mL
Essence d'amande	1/4 c. à thé	1 mL
Ananas réservé	1/4 tasse	50 mL
Garniture aux cerises réservée	1/2 tasse	100 mL

Croûte Graham aux noix : Faire fondre le beurre dans une casserole. En remuant, y incorporer la chapelure de biscuits Graham, les amandes et le sucre. Presser sur le fond et les parois d'un moule à tarte de 22 cm (9 po). Cuire au four, à 350 °F (180 °C) 10 à 12 minutes. Laisser refroidir.

Garniture : Fouetter la crème jusqu'à ce qu'elle épaississe. La mettre de côté.

Réserver 50 mL (1/4 tasse) d'ananas égoutté et 125 mL (1/2 tasse) de garniture de tarte aux cerises pour l'ajouter plus tard au fromage à la crème.

Dans un autre bol, fouetter le fromage à la crème, le sucre, la vanille et l'essence d'amande jusqu'à obtenir un mélange homogène.

En remuant, incorporer l'ananas et la garniture de tarte réservés. Incorporer cet appareil, en pliant, à la crème fouettée. Verser le tout dans la croûte.

Mélanger le reste d'ananas et de garniture de tarte aux cerises. Dresser cette garniture à la cuillère sur la tarte. Réfrigérer au moins 4 heures avant de servir. Donne 1 tarte.

TARTE À L'ANANAS DES GRANDS JOURS

Une délicieuse garniture lovée dans une croûte parfumée au chocolat.
Une tarte réfrigérée qu'on oublie pas de sitôt.

CROÛTE DE GAUFRETTES AU CHOCOLAT

Beurre ou margarine	$1/4$ tasse	60 mL
Chapelure de gaufrettes au chocolat	$1^1/_3$ tasse	300 mL

GARNITURE

Gélatine non parfumée	1 x $1/4$ oz	1 x 7 g
Eau	$1/2$ tasse	125 mL
Ananas broyé, dans son jus	14 oz	398 mL
Jus de citron	2 c. à soupe	30 mL
Sucre granulé	$1/2$ tasse	125 mL
Jaunes d'œufs	2	2
Blancs d'œufs, à la température de la pièce	2	2
Crème à fouetter (ou 1 sachet de garniture à dessert)	1 tasse	250 mL
Chapelure de gaufrettes au chocolat réservée	2 c. à soupe	30 mL

Croûte de gaufrettes au chocolat : Faire fondre le beurre dans une casserole. En remuant, y incorporer la chapelure de gaufrettes. Réserver 30 mL (2 c. à soupe) du mélange. Presser le reste sur le fond et les parois d'un moule à tarte de 22 cm (9 po). Cuire au four, à 350 °F (180 °C), 10 minutes. Laisser refroidir.

Garniture : Saupoudrer la gélatine sur l'eau, dans une petite casserole. Laisser reposer 1 minute. Chauffer, en remuant pour dissoudre la gélatine.

Mélanger l'ananas et son jus, le jus de citron, le sucre et les jaunes d'œufs dans une casserole, à feu modéré. Porter à ébullition en remuant. Retirer du feu. Ajouter le mélange de gélatine à l'appareil. Bien mélanger. Réfrigérer jusqu'à consistance sirupeuse.

Monter les blancs d'œufs en neige ferme. Les incorporer, en pliant, à l'appareil.

Fouetter la crème jusqu'à ce qu'elle épaississe. L'incorporer, en pliant, à l'appareil.

Verser celui-ci dans la croûte de gaufrettes au chocolat refroidie. Répandre la chapelure réservée sur la tarte. Réfrigérer. Donne 1 tarte.

TARTE À L'ÉRABLE ET AUX PACANES

À déguster en petites portions. Cette tarte est délicieuse, mais très sucrée. Elle est plus pâle que la tarte aux pacanes traditionnelle.

Lait condensé sucré (voir remarque)	11 oz	300 mL
Sirop de maïs	$^2/_3$ tasse	150 mL
Essence d'érable	$^1/_2$ c. à thé	2 mL
Sel	$^1/_4$ c. à thé	1 mL
Pacanes, petites, en moitiés	1 tasse	250 mL
Abaisse précuite de 22 cm (9 po), voir page 140	1	1
CRÈME FOUETTÉE		
Crème à fouetter (ou 1 sachet de garniture à dessert)	1 tasse	250 mL
Sucre granulé	2 c. à thé	10 mL
Vanille	$^1/_2$ c. à thé	2 mL

Moitiés de pacanes, pour décorer

Dans une poêlon moyen, mélanger le lait condensé, le sirop de maïs, l'essence d'érable et le sel. Porter à ébullition, en remuant constamment. Laisser bouillir 3 minutes, toujours en remuant. Retirer du feu et laisser refroidir. Pour accélérer le refroidissement, déposer le poêlon dans de l'eau glacée.

En remuant, incorporer les pacanes à l'appareil. Verser celui-ci dans la croûte cuite. Réfrigérer.

Crème fouettée : Fouetter la crème, le sucre et la vanille jusqu'à ce que le mélange épaississe. Le dresser sur la tarte en petits monticules, ou l'étaler également sur toute la surface.

Garnir la tarte de pacanes. Donne 1 tarte.

Remarque : on peut substituer une boîte de 398 mL (14 oz).

TARTE AU FROMAGE ET AUX FRAISES

De jolies fraises, idéalement petites, décorent la garniture au fromage, et un peu de crème fouettée couronne le tout.

GLAÇAGE

Fraises fraîches, broyées	1 tasse	250 mL
Sucre granulé	3/4 tasse	175 mL
Fécule de maïs	3 c. à soupe	50 mL
Eau	1/2 tasse	125 mL

GARNITURE

Fromage à la crème, ramolli	4 oz	125 g
Sucre granulé	1/4 tasse	50 mL
Jus de citron	1 1/2 c. à thé	7 mL
Abaisse précuite de 22 cm (9 po), voir page 140	1	1
Fraises fraîches	3 tasses	700 mL

Glaçage : Mélanger les fraises broyées et le sucre dans une casserole. Porter à ébullition.

Mélanger la fécule de maïs et l'eau. Incorporer le tout au mélange en ébullition en remuant environ 1 minute, jusqu'à ébullition et épaississement. Laisser refroidir.

Garniture : Fouetter le fromage à la crème, le sucre et le jus de citron dans un petit bol jusqu'à obtenir un mélange homogène.

Étaler le mélange au fond de l'abaisse précuite.

Disposer les fraises, pointant vers le haut, sur la garniture au fromage. Napper les fraises de glaçage, en ayant soin de couvrir chaque fruit. Réfrigérer 3 ou 4 heures, jusqu'à ce que la garniture soit prise. Donne 1 tarte.

TARTE AUX FRAISES LÉGÈRE

Le dessert idéal par temps chaud. Décorer d'une fraise coupée en éventail.

GARNITURE

Gélatine non parfumée	**1 × ¼ oz**	**1 × 7 g**
Eau	**½ tasse**	**125 mL**
Sucre granulé	**½ tasse**	**125 mL**
Sel	**⅛ c. à thé**	**0,5 mL**
Jus de citron	**1 c. à thé**	**5 mL**
Fraises surgelées dans un sirop épais, tranchées, partiellement dégelées	**10 oz**	**284 g**
Crème à fouetter (ou 1 sachet de garniture à dessert)	**1 tasse**	**250 mL**
Abaisse précuite de 22 cm (9 po), voir page 140	**1**	**1**

Garniture : Saupoudrer la gélatine sur l'eau, dans une petite casserole. Laisser reposer 1 minute. Chauffer en remuant pour dissoudre la gélatine. Verser dans un bol.

Ajouter les 4 ingrédients suivants. Remuer jusqu'à ce que les fraises soient entièrement dégelées. Réfrigérer jusqu'à consistance sirupeuse.

Fouetter la crème dans un petit bol jusqu'à ce qu'elle épaississe. L'incorporer, en pliant, au mélange de gélatine.

Verser l'appareil dans la croûte. Réfrigérer. Donne 1 tarte.

Photo à la page 89.

TARTE AU MOKA CHOCOLATÉE

Aussi veloutée qu'une crème, et aussi bonne. À base de guimauves.

GARNITURE

Lait	**½ tasse**	**125 mL**
Grosses guimauves	**25**	**25**
Brisures de chocolat mi-sucré	**1 tasse**	**250 mL**
Granules de café instantané	**2 c. à thé**	**10 mL**
Crème à fouetter (ou 1 sachet de garniture à dessert)	**1 tasse**	**250 mL**
Abaisse précuite de 22 cm (9 po), voir page 140	**1**	**1**

(suite...)

Garniture : Mélanger le lait et les guimauves dans une grande casserole, à feu doux. Remuer souvent pour faire fondre les guimauves.

Ajouter les brisures de chocolat et les granules de café. Remuer pour faire fondre le chocolat. Laisser refroidir.

Fouetter la crème jusqu'à ce qu'elle épaississe. L'incorporer, en pliant, au mélange refroidi.

Verser l'appareil dans la croûte. Réfrigérer plusieurs heures. Donne 1 tarte.

TARTE À L'ÉRABLE GIVRÉE

La recette idéale pour finir les fonds de sirop d'érable. Une saveur incomparable!

Lait condensé sucré (voir remarque)	11 oz	300 mL
Sirop d'érable	$^3/_4$ tasse	175 mL
Œufs	2	2
Farine tout usage	2 c. à soupe	30 mL
Pacanes, hachées	$^3/_4$ tasse	175 mL
Abaisse précuite de 22 cm (9 po), voir page 140	1	1
Crème à fouetter (ou 1 sachet de garniture à dessert)	1 tasse	250 mL
Sucre granulé	1 c. à soupe	15 mL
Vanille	1 c. à thé	5 mL
Noix de coco, grillée	$^1/_3$ tasse	75 mL

Bien mélanger les 4 premiers ingrédients dans une casserole. Porter à ébullition à feu moyen. Laisser bouillir 5 minutes, jusqu'à épaississement, en remuant sans arrêt. Retirer du feu.

Ajouter les pacanes. Bien mélanger.

Verser l'appareil dans la croûte cuite. Réfrigérer.

Fouetter la crème, le sucre et la vanille jusqu'à ce que le mélange épaississe. L'étaler sur la tarte.

Faire dorer la noix de coco au four, à 350 °F (180 °C). La laisser refroidir avant de la répandre sur la crème fouettée. Donne 1 tarte.

Remarque : on peut substituer une boîte de 398 mL (14 oz).

TARTE À LA CRÈME GLACÉE AUX PÊCHES

Un délice exquis, à essayer!

Gélatine parfumée à la pêche ou à l'orange	1 × 3 oz	1 × 85 g
Jus des pêches additionné d'eau, au besoin	1¼ tasse	275 mL
Crème glacée à la vanille	2 tasses	450 mL
Pêches tranchées en conserve, égouttées, coupées en dés	2 × 14 oz	2 × 398 mL
Abaisse précuite de 22 cm (9 po), voir page 140	1	1

Crème fouettée, voir page 30

Mélanger la gélatine et le jus des pêches dans une casserole à feu moyen. Remuer pour dissoudre la gélatine. Retirer du feu.

Incorporer la crème glacée avec deux couteaux. Remuer pour la faire fondre. Réfrigérer jusqu'à consistance sirupeuse, si la crème glacée n'a pas suffisamment épaissi le mélange.

Incorporer les pêches, en pliant. Verser l'appareil dans la croûte. Réfrigérer.

Garnir de crème fouettée. Donne 1 tarte.

TARTE À LA SALADE DE FRUITS

L'ajout de guimauves et de fromage à la crème donne à cette tarte le goût velouté d'un gâteau au fromage et aux fruits.

Lait	$^1/_4$ tasse	60 mL
Grosses guimauves	24	24
Fromage à la crème, ramolli	4 oz	125 g
Crème sure	$^3/_4$ tasse	175 mL
Vanille	1 c. à thé	5 mL
Salade de fruits en conserve, égouttée	14 oz	398 mL
Croûte de chapelure de biscuits Graham précuite, voir page 73, réserver 30 mL (2 c. à soupe) de chapelure	1	1

Faire chauffer le lait et les guimauves dans une grande casserole, à feu doux. Remuer souvent pour que les guimauves fondent plus vite. Laisser refroidir.

Dans un petit bol, fouetter le fromage à la crème, la crème sure et la vanille jusqu'à obtenir un mélange homogène. En remuant, incorporer celui-ci à l'appareil de guimauves refroidi.

Y incorporer la salade de fruits.

Verser l'appareil dans la croûte. Répandre la chapelure mise de côté sur la tarte. Réfrigérer. Donne 1 tarte.

TARTE À LA LIMONADE

Une tarte citronnée facile à faire, qui n'exige que quelques ingrédients.

Croûte de chapelure de biscuits Graham précuite, voir page 73	1	1
Lait condensé sucré (voir remarque)	11 oz	300 mL
Concentré de limonade rose surgelé, dégelé	6$^1/_4$ oz	178 mL
Garniture à dessert surgelée, dégelée	2 tasses	500 mL

Préparer la croûte. Cuire et laisser refroidir.

Mélanger le lait condensé et le concentré de limonade. Incorporer, en pliant, à la garniture à dessert surgelée. Verser l'appareil dans la croûte. Réfrigérer au moins 3 heures. Donne 1 tarte.

Remarque : on peut substituer une boîte de 398 mL (14 oz).

TARTE MOUSSELINE À LA RHUBARBE

Une tarte rafraîchissante et différente. Elle ne contient pas de blancs d'œufs.

Rhubarbe, tranchée fin	2¹/₂ tasses	575 mL
Eau	¹/₂ tasse	125 mL
Sucre granulé	1 tasse	250 mL
Gélatine parfumée à la fraise	1 × 3 oz	1 × 85 g
Crème à fouetter (ou 1 sachet de garniture à dessert)	1 tasse	250 mL
Abaisse précuite de 22 cm (9 po), voir page 140	1	1

Mélanger la rhubarbe, l'eau et le sucre dans une casserole, à feu moyen. Porter à ébullition en remuant souvent. Cuire jusqu'à attendrir la rhubarbe.

En remuant, incorporer la gélatine. Réfrigérer jusqu'à consistance sirupeuse.

Dans un petit bol, fouetter la crème pour qu'elle épaississe. L'incorporer, en pliant, au mélange de gélatine.

Verser l'appareil dans la croûte. Réfrigérer. Donne 1 tarte.

TARTE À LA MOUSSE À L'ORANGE

Un délice onctueux, et si facile à faire!

Gélatine non parfumée	1 × ¹/₄ oz	1 × 7 g
Eau	¹/₄ tasse	50 mL
Crème à fouetter	1 tasse	250 mL
Fromage à la crème, en morceaux	8 oz	250 g
Concentré de jus d'orange surgelé	6¹/₄ oz	178 mL
Sucre à glacer	³/₄ tasse	175 mL
Vanille	1¹/₂ c. à thé	7 mL
Croûte de chapelure de biscuits Graham précuite, voir page 73	1	1

Saupoudrer la gélatine sur l'eau, dans le mélangeur. Laisser reposer 1 minute.

Chauffer la crème jusqu'à quasi-ébullition. La verser dans le mélangeur. Mélanger pour dissoudre la gélatine.

Ajouter les 4 ingrédients suivants. Mélanger jusqu'à obtenir un mélange homogène. Réfrigérer 15 à 20 minutes.

Verser l'appareil dans la croûte précuite. Réfrigérer. Donne 1 tarte.

TARTE MOUSSELINE À L'ORANGE

Une jolie tarte gonflée. La décorer avec de la crème fouettée et une écorce d'orange taillée. Rien qu'en la regardant, on a moins chaud.

Gélatine non parfumée	1 x ¹/₄ oz	1 x 7 g
Sucre granulé	¹/₂ tasse	125 mL
Sel	¹/₈ c. à thé	0,5 mL
Eau	1 tasse	225 mL
Jaunes d'œufs, bien battus	3	3
Concentré de jus d'orange surgelé, dégelé	6¹/₄ oz	178 mL
Blancs d'œufs, à la température de la pièce	3	3
Sucre granulé	¹/₄ tasse	50 mL
Abaisse précuite de 22 cm (9 po), voir page 140	1	1

Dans un poêlon, mélanger la gélatine, la première mesure de sucre et le sel.

Ajouter l'eau et mélanger. Chauffer, en remuant pour dissoudre la gélatine.

Incorporer environ 75 mL (¹/₃ tasse) du mélange de gélatine aux jaunes d'œufs. Retourner le tout à la casserole. Remuer jusqu'à ce que le mélange adhère à une cuillère de métal. La trace demeure lorsque l'on passe le doigt sur la cuillère. Réfrigérer.

Ajouter le concentré de jus d'orange. Remuer. Réfrigérer jusqu'à ce que le mélange forme des pics à la cuillère.

Dans un bol, fouetter les blancs d'œufs pour les faire mousser. Incorporer graduellement la seconde mesure de sucre, en fouettant jusqu'à ce que le mélange épaississe et que le sucre soit dissous. L'incorporer, en pliant, à l'appareil de gélatine.

Verser celui-ci dans la croûte. Réfrigérer. Donne 1 tarte.

Photo à la page 89.

TARTE AUX FRAISES FRAÎCHES

Un délice couvert de fraises glacées, qui régale les yeux. Il est préférable de servir cette tarte sans tarder, garnie de crème fouettée.

Fraises fraîches entières	3 tasses	750 mL
Abaisse précuite de 22 cm (9 po), voir page 140	1	1
Eau	$^3/_4$ tasse	175 mL
Fraises fraîches, une bonne tasse, réduites en purée	1 tasse	250 mL
Sucre granulé	1 tasse	250 mL
Fécule de maïs	3 c. à soupe	50 mL

Garnir la croûte d'une couche de fraises entières, pointant vers le haut. Mettre le reste des fraises de côté jusqu'à ce que le glaçage ait pris sur la première couche.

Mélanger l'eau et les fraises en purée dans une casserole. Porter à ébullition à feu moyen. Laisser mijoter environ 5 minutes. Passer à l'étamine. Remettre le liquide dans la casserole.

Mélanger le sucre et la fécule de maïs dans un petit bol, puis les ajouter au liquide dans la casserole. Chauffer, en remuant, jusqu'à ébullition et épaississement. Laisser tiédir. Napper les fraises disposées dans la croûte. Disposer le reste des fraises sur la première couche de fruits et les arroser du reste de glaçage. Plus simplement, on peut mêler les fraises au glaçage avant de les renverser dans la croûte. On peut couper les grosses fraises. On peut aussi rajouter des fraises, au goût. Réfrigérer au moins 2 heures. Donne 1 tarte.

TARTE MOUSSELINE AU PAMPLEMOUSSE

Une délicieuse tarte aux agrumes, très légère.

Gélatine non parfumée	1 x $^1/_4$ oz	1 x 7 g
Jus de pamplemousse	$^1/_4$ tasse	60 mL
Zeste de pamplemousse râpé (au goût)	$^1/_2$ c. à thé	2 mL
Jus de pamplemousse	1$^3/_4$ tasse	400 mL
Sucre granulé	$^1/_3$ tasse	75 mL
Crème à fouetter (ou 1 sachet de garniture à dessert)	1 tasse	250 mL
Croûte de chapelure de biscuits Graham précuite, voir page 73	1	1

(suite...)

Saupoudrer la gélatine sur la première mesure de jus de pamplemousse, dans une petite casserole. Laisser reposer 1 minute. Chauffer en remuant pour dissoudre la gélatine. Retirer du feu.

Ajouter le zeste de pamplemousse, la seconde mesure de jus et le sucre. Remuer pour dissoudre le sucre. Réfrigérer jusqu'à consistance sirupeuse.

Fouetter la crème jusqu'à ce qu'elle épaississe. Incorporer, en pliant, au mélange qui épaissit.

Verser l'appareil dans la croûte. Réfrigérer. Garnir de grosses tranches de pamplemousse rose, si désiré. Donne 1 tarte.

TARTE DU MILLIONNAIRE

La plus rafraîchissante de toutes les tartes.

GARNITURE

Beurre ou margarine, ramolli	**6 c. à soupe**	**100 mL**
Sucre à glacer	**1¹/₂ tasse**	**350 mL**
Œuf	**1**	**1**
Vanille	**¹/₄ c. à thé**	**1 mL**
Sel	**¹/₈ c. à thé**	**0,5 mL**
Abaisse précuite de 22 cm (9 po), voir page 140	**1**	**1**
Crème à fouetter (ou 1 sachet de garniture à dessert)	**1 tasse**	**250 mL**
Ananas broyé, égoutté	**19 oz**	**540 mL**
Pacanes ou noix de Grenoble, hachées fin (au goût)	**¹/₃ tasse**	**75 mL**
Crème fouettée, voir page 30		
Pacanes moulues, une pincée		

Garniture : Mélanger les 5 premiers ingrédients dans un bol. Fouetter jusqu'à obtenir un mélange homogène.

Étaler l'appareil dans la croûte. Réfrigérer.

Fouetter la crème jusqu'à ce qu'elle épaississe.

Y incorporer, en pliant, l'ananas et les pacanes hachées. Étaler ce mélange sur la garniture. Réfrigérer.

Décorer la tarte avec la crème fouettée, puis la saupoudrer de pacanes moulues. Donne 1 tarte.

Photo à la page 125.

TARTE À LA MENTHE CHOCOLATÉE

Une tarte fourrée à la menthe veloutée, qui ressort bien dans sa croûte au chocolat. Elle s'appelle parfois tarte à la crème de menthe.

CROÛTE DE GAUFRETTES AU CHOCOLAT

Beurre ou margarine	$^1/_3$ tasse	75 mL
Chapelure de gaufrettes au chocolat	$1^1/_4$ tasse	275 mL

GARNITURE

Lait	$^1/_2$ tasse	125 mL
Grosses guimauves	24	24
Crème de menthe verte	$^1/_4$ tasse	60 mL
Crème de cacao incolore	2 c. à soupe	30 mL
Crème à fouetter (ou 1 sachet de garniture à dessert)	1 tasse	250 mL

Croûte de gaufrettes au chocolat : Faire fondre le beurre dans une casserole. Y incorporer la chapelure de gaufrettes au chocolat. Prélever 30 mL (2 c. à soupe) du mélange. Presser le reste sur le fond et les parois d'un moule à tarte de 22 cm (9 po). Réfrigérer.

Garniture : Faire chauffer le lait dans un poêlon. Y ajouter les guimauves et remuer pour les faire fondre. Laisser refroidir.

En remuant, incorporer la crème de menthe et la crème de cacao à l'appareil.

Fouetter la crème dans un petit bol jusqu'à ce qu'elle épaississe. L'incorporer, en pliant, à l'appareil de guimauves. Verser celui-ci dans la croûte. Répandre la chapelure réservée sur la tarte. Réfrigérer. Donne 1 tarte.

Remarque : on peut substituer quelques gouttes d'essence de menthe poivrée et de colorant alimentaire vert aux liqueurs, en compensant la quantité de liquide avec du lait.

Photo à la page 89.

TARTE VELOUTÉE ROSE

Un petit goût de citron, à la fois sur et discret. La texture est satinée.

Croûte Graham au chocolat réfrigérée, voir page 85	1	1
Fromage à la crème, ramolli	8 oz	250 g
Lait condensé sucré (voir remarque)	11 oz	300 mL
Concentré de limonade rose surgelé, dégelé	$6^1/_4$ oz	178 mL
Garniture à dessert surgelée, dégelée	2 tasses	500 mL

(suite...)

42

Préparer la croûte dans un moule à tarte de 22 cm (9 po). La réfrigérer au lieu de la cuire.

Fouetter le fromage à la crème et le lait condensé jusqu'à obtenir un mélange homogène. Incorporer le concentré de limonade au fouet.

Incorporer, en pliant, la garniture à dessert surgelée. Verser l'appareil dans la croûte. Réfrigérer la tarte pendant 2 heures avant de la couper ou la congeler. Donne 1 tarte.

Remarque : on peut substituer une boîte de 398 mL (14 oz).

TARTE AU FROMAGE

Une haute pâtisserie qui couronne tout bon repas. Elle contient de l'ananas et du fromage à la crème, ainsi que des cerises rouges pour colorer le tout. Un dessert qui attire les regards.

Fromage à la crème, ramolli	**8 oz**	**250 mL**
Sucre granulé	**$2/3$ tasse**	**150 mL**
Ananas broyé, égoutté	**19 oz**	**540 mL**
Crème à fouetter (ou 1 sachet de garniture à dessert)	**1 tasse**	**250 mL**
Croûte de chapelure de biscuits Graham précuite, voir page 73	**1**	**1**
CRÈME FOUETTÉE		
Crème à fouetter (ou 1 sachet de garniture à dessert)	**1 tasse**	**250 mL**
Sucre granulé	**2 c. à thé**	**10 mL**
Vanille	**$1/2$ c. à thé**	**2 mL**
Noix de coco, râpée moyen	**$1/2$ tasse**	**125 mL**
Cerises au marasquin, hachées	**8**	**8**

Fouetter le fromage à la crème et le sucre dans un bol jusqu'à obtenir un mélange homogène.

Ajouter l'ananas et remuer.

Fouetter la crème jusqu'à ce qu'elle épaississe. L'incorporer, en pliant, au mélange.

Verser l'appareil dans la croûte. Réfrigérer.

Crème fouettée : Fouetter la crème, le sucre et la vanille dans un petit bol jusqu'à ce que le mélange épaississe.

Incorporer, en pliant, la noix de coco et les cerises. Étaler la crème sur la tarte. Réfrigérer. Donne 1 tarte.

TARTE À LA LIME

Rien qu'à la regarder, cette tarte garnie de tranches de lime est rafraîchissante.

Jaunes d'œufs	3	3
Lait condensé sucré (voir remarque)	11 oz	300 mL
Jus de lime	$1/2$ tasse	125 mL
Quelques gouttes de colorant alimentaire vert (au goût)	2 à 4	2 à 4
Abaisse précuite de 22 cm (9 po), voir page 140	1	1
MERINGUE		
Blancs d'œufs, à la température de la pièce	3	3
Crème de tartre	$1/4$ c. à thé	1 mL
Sucre granulé	6 c. à soupe	100 mL

Bien fouetter les jaunes d'œufs. Ajouter le lait condensé, le jus de lime et le colorant alimentaire vert, le cas échéant. Fouetter le tout.

Verser l'appareil dans la croûte.

Meringue : Dans un petit bol, travailler les blancs d'œufs et la crème de tartre au fouet pour les faire mousser. Ajouter le sucre graduellement, en fouettant jusqu'à ce qu'il soit dissous et que le mélange monte en neige ferme. Étaler la meringue sur la garniture, à la cuillère, la faisant bien adhérer à la croûte pour sceller la tarte. Cuire au four, à 350 °F (180 °C), 10 à 15 minutes, jusqu'à ce que la meringue soit dorée. Laisser refroidir environ 1 heure, puis réfrigérer au moins 3 heures. Donne 1 tarte.

Remarque : on peut substituer une boîte de 398 mL (14 oz).

Photo à la page 35.

TARTE À LA LIME VELOUTÉE : Omettre les œufs. Fouetter 250 mL (1 tasse) de crème à fouetter jusqu'à ce qu'elle épaississe. L'incorporer, en pliant, à la garniture. Réfrigérer. Servir garnie de crème fouettée.

TARTE AUX CERISES GIVRÉE

Une jolie tarte blanche fourrée d'une garniture aux cerises rouges.

Lait condensé sucré (voir remarque)	11 oz	300 mL
Fromage à la crème, ramolli	8 oz	250 g
Jus de citron	$1/3$ tasse	75 mL
Vanille	1 c. à thé	5 mL
Croûte de chapelure de biscuits Graham précuite, voir page 73	1	1
Garniture de tarte aux cerises, en conserve	19 oz	540 mL

(suite...)

Fouetter le lait condensé et le fromage à la crème jusqu'à obtenir un mélange homogène. Ajouter le jus de citron et la vanille. Mélanger le tout.

Verser l'appareil dans la croûte. Réfrigérer environ 3 heures, jusqu'à ce que la garniture soit prise.

Étaler la garniture aux cerises sur la tarte. Utiliser toute la boîte ou seulement une partie. Réfrigérer. Donne 1 tarte.

Remarque : on peut substituer une boîte de 398 mL (14 oz).

Photo à la page 107.

TARTE MOUSSELINE À L'ANANAS

Une bonne tarte légère, à saveur d'ananas. Faite avec du jus d'ananas.

Jus d'ananas	1¹/₂ tasse	350 mL
Gélatine non parfumée	1 x ¹/₄ oz	1 x 7 g
Sucre granulé	³/₄ tasse	175 mL
Jus de citron	1 c. à soupe	15 mL
Sel	¹/₂ c. à thé	2 mL
Jaunes d'œufs, battus	2	2
Blancs d'œufs, à la température de la pièce	2	2
Crème à fouetter (ou 1 sachet de garniture à dessert)	1 tasse	250 mL
Abaisse précuite de 22 cm (9 po), voir page 140	1	1

Verser le jus d'ananas dans une casserole. Saupoudrer la gélatine par-dessus. Laisser reposer 1 minute. Chauffer en remuant pour dissoudre la gélatine.

Ajouter le sucre, le jus de citron et le sel. Porter à ébullition, en remuant.

Mélanger environ 125 mL (¹/₂ tasse) du mélange de gélatine dans les jaunes d'œufs. Retourner le mélange à la casserole et porter à ébullition en remuant. Laisser refroidir, puis réfrigérer en remuant de temps en temps, jusqu'à ce que l'appareil ait la consistance d'un sirop épais.

Monter les blancs d'œufs en neige ferme. Les incorporer, en pliant, à l'appareil.

Fouetter la crème jusqu'à ce qu'elle épaississe, en employant les mêmes fouets et le même bol. L'incorporer, en pliant, à la garniture.

Verser l'appareil dans la croûte. Réfrigérer. Donne 1 tarte.

TARTE À LA MENTHE ET AU CHOCOLAT

Un duo imbattable, au frais parfum de menthe.

GARNITURE

Beurre ou margarine, ramolli	**³/₄ tasse**	**175 mL**
Sucre à glacer	**1¹/₂ tasse**	**375 mL**
Carrés de chocolat non sucré, fondus et refroidis	**3 × 1 oz**	**3 × 28 g**
Œufs	**3**	**3**
Essence de menthe poivrée	**¹/₂ c. à thé**	**2 mL**
Croûte Graham aux noix précuite, voir page 28	**1**	**1**

Crème fouettée, voir page 30
Feuilles de menthe, pour garnir

Garniture : Fouetter en crème le beurre et le sucre à glacer. Ajouter le chocolat fondu. Bien fouetter.

Incorporer les œufs l'un après l'autre, au fouet. Ajouter l'essence de menthe poivrée. Mélanger.

Verser l'appareil dans la croûte. Réfrigérer. On peut congeler la tarte à ce stade. Dégeler la tarte avant de la décorer.

Au moment de servir, décorer la tarte de crème fouettée et de feuilles de menthe. Donne 1 tarte.

TARTE MOUSSELINE AU CITRON

Une jolie tarte, à la texture et au goût qui rivalisent de délicatesse.

Gélatine non parfumée	**1 × ¹/₄ oz**	**1 × 7 g**
Jus de citron	**¹/₄ tasse**	**60 mL**
Eau	**1 tasse**	**250 mL**
Sucre granulé	**²/₃ tasse**	**150 mL**
Zeste d'un citron râpé	**1**	**1**
Blancs d'œufs, à la température de la pièce	**3**	**3**
Croûte de chapelure de biscuits Graham précuite, voir page 73, réserver 30 mL (2 c. à soupe) de chapelure	**1**	**1**

Crème fouettée, voir page 30 (au goût)

(suite...)

46

Saupoudrer la gélatine sur le jus de citron, dans une petite casserole. Laisser reposer 1 minute. Chauffer en remuant pour dissoudre la gélatine.

Mélanger l'eau, le sucre et le zeste de citron dans une casserole. Porter à ébullition en remuant souvent. En remuant, incorporer complètement la gélatine dissoute. Réfrigérer jusqu'à ce que le mélange forme des pics à la cuillère.

Monter les blancs d'œufs en neige ferme. Les incorporer, en pliant, au mélange épaissi.

Verser l'appareil dans la croûte. Répandre la chapelure réservée sur la tarte. Réfrigérer.

Servir garnie de crème fouettée. Donne 1 tarte.

TARTE AUX CERISES ET À L'ANANAS

Une tarte au goût bien relevé à cause de la gélatine parfumée à la framboise, et bien croustillante à cause des noix. Donne deux tartes.

Ananas broyé, dans son jus	19 oz	540 mL
Fécule de maïs	1 c. à soupe	15 mL
Gélatine parfumée à la framboise	1 × 3 oz	1 × 85 g
Garniture de tarte aux cerises, en conserve	19 oz	540 mL
Sucre granulé	$3/_4$ tasse	175 mL
Essence d'amande	$1/_4$ c. à thé	1 mL
Noix de Grenoble, hachées	$3/_4$ tasse	175 mL
Croûtes de chapelure de biscuits Graham précuites, voir page 73	2	2
CRÈME FOUETTÉE		
Crème à fouetter (ou 2 sachets de garniture à dessert)	2 tasses	500 mL
Sucre granulé	4 c. à thé	20 mL
Vanille	1 c. à thé	5 mL

Mélanger l'ananas et son jus, la fécule de maïs et la gélatine parfumée à la framboise dans une casserole. Chauffer en remuant jusqu'à ébullition et épaississement. Retirer du feu.

Ajouter la garniture de tarte, l'essence d'amande et les noix. Remuer.

Verser l'appareil dans les croûtes. Réfrigérer.

Crème fouettée : Fouetter la crème, le sucre et la vanille jusqu'à ce que le mélange épaississe. Le dresser sur les tartes. Donne 2 tartes.

TARTE À LA CRÈME AU CHOCOLAT

Une tarte riche, fourrée d'un mélange léger et onctueux.

Beurre ou margarine, ramolli	¹/₂ tasse	125 mL
Sucre granulé	³/₄ tasse	175 mL
Vanille	1 c. à thé	5 mL
Carrés de chocolat mi-sucré, fondus	2 × 1 oz	2 × 28 g
Cacao	1 c. à soupe	15 mL
Œufs	2	2
Croûte de chapelure de biscuits Graham précuite, voir page 73	1	1

CRÈME FOUETTÉE

Crème à fouetter	1 tasse	250 mL
Sucre granulé	2 c. à thé	10 mL
Vanille	¹/₂ c. à thé	2 mL

Copeaux de chocolat ou amandes effilées, grillées, pour garnir

Battre en crème le beurre, le sucre et la vanille.

Ajouter le chocolat fondu et le cacao. Mélanger.

Incorporer les œufs l'un après l'autre, en fouettant 5 minutes à vitesse moyenne après chaque ajout.

Verser l'appareil dans la croûte. Réfrigérer au moins 4 heures.

Crème fouettée : Fouetter la crème, le sucre et la vanille, dans un petit bol, jusqu'à ce que le mélange épaississe. Le dresser sur la tarte.

Décorer avec les copeaux de chocolat ou les amandes grillées. Donne 1 tarte.

Photo à la page 71.

TARTE AU MELON D'EAU

Une tarte rafraîchissante, qui sort de l'ordinaire.

Melon d'eau	$^1/_4$ à $^1/_2$	$^1/_4$ à $^1/_2$
Gélatine non parfumée	2 × $^1/_4$ oz	2 × 7 g
Jus du melon d'eau	1 tasse	250 mL
Sucre granulé	$^3/_4$ tasse	175 mL
Jus de citron	1 c. à soupe	15 mL
Jus du melon d'eau	1$^1/_2$ tasse	350 mL
Blancs d'œufs, à la température de la pièce	2	2
Crème à fouetter (ou 1 sachet de garniture à dessert)	1 tasse	250 mL
Croûte de chapelure de biscuits Graham précuite de 25 cm (10 po), voir page 73	1	1
Boules de melon d'eau, pour garnir		

Couper environ le $^1/_4$ du melon d'eau en petits cubes. Les passer au robot culinaire pour ôter les pépins et obtenir 600 mL (2$^1/_2$ tasses) de jus pulpeux.

Saupoudrer la gélatine sur la première quantité de jus du melon d'eau, dans une petite casserole. Laisser reposer 1 minute. Chauffer en remuant pour dissoudre la gélatine. Retirer du feu.

En remuant, incorporer le sucre. Ajouter le jus de citron et la seconde mesure de jus du melon d'eau. Réfrigérer jusqu'à consistance sirupeuse.

Monter les blancs d'œufs en neige ferme. Les incorporer, en pliant, à l'appareil de gélatine.

Fouetter la crème jusqu'à ce qu'elle épaississe. L'incorporer, en pliant, à l'appareil de gélatine.

Verser l'appareil dans la croûte. Avec une cuillère à melon, façonner des boules de melon d'eau. Réfrigérer les boules de melon et la tarte séparément pendant environ 4 heures. Au moment de servir, disposer les boules sur la tarte. Donne 1 tarte.

TARTE AUX FRUITS CITRONNÉE

Une bonne tarte, parfumée au citron. Les bananes rehaussent nettement le goût de cette tarte.

Lait condensé sucré (voir remarque)	**11 oz**	**300 mL**
Jus de citron	**¹/₂ tasse**	**125 mL**
Banane, pelée, en cubes	**1**	**1**
Salade de fruits en conserve, égouttée	**14 oz**	**398 mL**
Crème à fouetter (ou 1 sachet de garniture à dessert)	**1 tasse**	**250 mL**
Croûte de chapelure de biscuits Graham précuite, voir page 73, réserver 30 mL (2 c. à soupe) de chapelure	**1**	**1**

Mélanger le lait condensé et le jus de citron dans un bol.

Incorporer, en pliant, la banane et la salade de fruits.

Fouetter la crème, dans un petit bol, jusqu'à ce qu'elle épaississe. L'incorporer en pliant au mélange de fruits.

Verser l'appareil dans la croûte. Répandre la chapelure réservée sur la tarte. Réfrigérer. Donne 1 tarte.

Remarque : on peut substituer une boîte de 398 mL (14 oz).

TARTE AUX BLEUETS GLACÉE

Une garniture aux bleuets sur une couche de fromage à la crème. Une tarte réfrigérée des plus jolies.

Fromage à la crème, ramolli	**8 oz**	**250 g**
Sucre granulé	**¹/₂ tasse**	**125 mL**
Jus de citron	**1 c. à soupe**	**15 mL**
Abaisse précuite de 22 cm (9 po), voir page 140	**1**	**1**
Bleuets, frais ou surgelés	**2 tasses**	**450 mL**
Sucre granulé	**³/₄ tasse**	**175 mL**
Fécule de maïs	**3 c. à soupe**	**50 mL**
Eau	**¹/₂ tasse**	**125 mL**
Bleuets, frais ou surgelés	**1 tasse**	**250 mL**
Jus de citron	**1 c. à soupe**	**15 mL**

(suite...)

Battre le fromage à la crème et les premières mesures de sucre et de jus de citron dans un petit bol jusqu'à obtenir un mélange homogène.

Verser l'appareil dans la croûte. Réfrigérer.

Étaler la première mesure de bleuets sur l'appareil de fromage.

Mélanger les 5 autres ingrédients dans une casserole. Chauffer, en remuant, jusqu'à ébullition et épaississement. Laisser refroidir. Napper les bleuets. Il pourra rester du glaçage. Réfrigérer. Donne 1 tarte.

TARTE AUX CERISES EN GELÉE

Imbattable! Une garniture rose couverte de cerises rouges et de crème fouettée.

CROÛTE GRAHAM AUX AMANDES

Beurre ou margarine	$1/3$ tasse	75 mL
Chapelure de biscuits Graham	1 tasse	225 mL
Amandes moulues	$1/4$ tasse	60 mL
Sucre granulé	3 c. à soupe	50 mL

GARNITURE

Gélatine parfumée à la cerise	1 × 3 oz	1 × 85 g
Eau bouillante	1 tasse	225 mL
Garniture de tarte aux cerises, en conserve	$1/2$ × 19 oz	$1/2$ × 540 mL
Crème à fouetter (ou $1^1/2$ sachet de garniture à dessert)	$1^1/2$ tasse	375 mL
Crème fouettée réservée	1 tasse	250 mL
Garniture de tarte aux cerises, en conserve	$1/2$ × 19 oz	$1/2$ × 540 mL

Croûte Graham aux amandes : Faire fondre le beurre dans une casserole. En remuant, y incorporer la chapelure de biscuits Graham, les amandes et le sucre. Presser le mélange sur le fond et les parois d'un moule à tarte de 22 cm (9 po). Cuire au four, à 350 °F (180 °C), 10 à 12 minutes. Laisser refroidir.

Garniture : Dans un bol, mélanger la gélatine parfumée à la cerise et l'eau bouillante jusqu'à ce que la gélatine soit dissoute.

En remuant, incorporer la moitié de la boîte de garniture de tarte aux cerises au mélange chaud. Réfrigérer jusqu'à consistance sirupeuse.

Fouetter la crème jusqu'à ce qu'elle épaississe. En réserver 250 mL (1 tasse). Incorporer le reste au mélange épaissi. Verser l'appareil dans la croûte.

Avec une douille, dresser la crème fouettée réservée sur le pourtour de la tarte. Dresser le reste de la garniture de tarte aux cerises sur la tarte, à la cuillère. Réfrigérer. Donne 1 tarte.

TARTE À LA CRÈME AU CITRON

Facile à faire, et délicieuse le lendemain.

Lait condensé sucré (voir remarque)	**11 oz**	**300 mL**
Zeste d'un citron râpé	**1**	**1**
Jus de citron	**¹/₂ tasse**	**125 mL**
Jaunes d'œufs	**2**	**2**
Abaisse précuite de 22 cm (9 po), voir page 140	**1**	**1**
MERINGUE		
Blancs d'œufs, à la température de la pièce	**2**	**2**
Crème de tartre	**¹/₄ c. à thé**	**1 mL**
Sucre granulé	**¹/₄ tasse**	**60 mL**

Mélanger les 4 premiers ingrédients dans un petit bol. Bien fouetter le tout.

Verser l'appareil dans la croûte.

Meringue : Travailler les blancs d'œufs et la crème de tartre dans un petit bol propre, au fouet, pour les faire mousser. Ajouter le sucre graduellement, en fouettant jusqu'à ce qu'il soit dissous et que le mélange monte en neige ferme. Étaler la meringue sur la garniture, à la cuillère, la faisant bien adhérer à la croûte pour sceller la tarte. Dorer au four, à 350 °F (180 °C), environ 10 minutes. Laisser refroidir et réfrigérer avant de servir. Donne 1 tarte.

Remarque : on peut substituer une boîte de 398 mL (14 oz).

1. Tarte aux pommes renversée page 119
2. Fausse tarte aux pommes page 134
3. Tarte aux pommes sans croûte page 57
4. Tarte aux pommes à l'hollandaise page 93

TARTE MOUSSELINE À LA CRÈME SURE

Toute la saveur d'une tarte à la crème sure traditionnelle, sans la cuisson. Un délice léger.

Gélatine non parfumée (¹/₂ sachet)	**1¹/₂ c. à thé**	**7 mL**
Eau	**¹/₄ tasse**	**50 mL**
Raisins secs, grossièrement hachés	**¹/₂ tasse**	**125 mL**
Cassonade, tassée	**³/₄ tasse**	**175 mL**
Cannelle	**¹/₂ c. à thé**	**2 mL**
Muscade	**¹/₈ c. à thé**	**0,5 mL**
Jaunes d'œufs, battus	**2**	**2**
Crème sure	**¹/₂ tasse**	**125 mL**
Blancs d'œufs, à la température de la pièce	**2**	**2**
Crème à fouetter (ou 1 sachet de garniture à dessert)	**1 tasse**	**250 mL**
Abaisse précuite de 22 cm (9 po), voir page 140	**1**	**1**

Saupoudrer la gélatine sur l'eau, dans une petite casserole. Laisser reposer 1 minute. Chauffer en remuant pour dissoudre la gélatine.

Ajouter les raisins secs et laisser refroidir. Verser le tout dans un bol moyen.

En remuant, incorporer les 5 ingrédients suivants. Réfrigérer jusqu'à ce que le mélange forme des pics.

Dans un petit bol, monter les blancs d'œufs en neige ferme. Les incorporer, en pliant, au mélange.

Fouetter la crème jusqu'à ce qu'elle épaississe, en employant les mêmes fouets et le même bol. L'incorporer à la garniture.

Verser l'appareil dans la croûte. Réfrigérer. Donne 1 tarte.

TARTE À L'ANANAS SUCRÉE

Une tarte qui gonfle bien, où l'on goûte la noix de coco, l'ananas et les noix. Facile et rapide à faire.

Lait condensé sucré (voir remarque)	11 oz	300 mL
Jus de citron	3 c. à soupe	50 mL
Noix de coco, rapée moyen ou en flocons	$^3/_4$ tasse	175 mL
Noix de Grenoble ou pacanes, hachées	$^3/_4$ tasse	175 mL
Ananas broyé, égoutté	14 oz	398 mL
Garniture à dessert surgelée, dégelée	2 tasses	500 mL
Croûte de chapelure de biscuits Graham précuite, voir page 73	1	1

Mélanger les 5 premiers ingrédients dans un bol, suivant l'ordre listé.

Incorporer, en pliant, la garniture à dessert.

Verser l'appareil dans la croûte. Réfrigérer. Donne 1 tarte.

Remarque : on peut substituer une boîte de 398 mL (14 oz).

TARTE IMPOSSIBLE

La croûte se forme toute seule. Servir arrosée d'une sauce aux bleuets ou au citron.

Noix de coco, rapée moyen ou en flocons	1 tasse	250 mL
Lait	2 tasses	450 mL
Œufs	4	4
Beurre ou margarine	$^1/_4$ tasse	50 mL
Préparation à pâte à biscuits	$^1/_2$ tasse	125 mL
Sucre granulé	1 tasse	225 mL
Vanille	$1^1/_2$ c. à thé	7 mL

Répandre la noix de coco dans un moule à tarte de 22 cm (9 po) graissé.

Combiner les 6 autres ingrédients dans le mélangeur, jusqu'à obtenir un mélange homogène. Verser l'appareil sur la noix de coco. Cuire sur la plus basse grille du four, à 350 °F (180 °C), 45 à 55 minutes, jusqu'à ce qu'un couteau inséré au milieu de la tarte ressorte propre. Donne 1 tarte.

TARTE AUX POMMES SANS CROÛTE

Il n'y a pas lieu de se priver de tarte aux pommes simplement parce qu'on ne veut pas faire de pâte.

Pommes à cuire (McIntosh par exemple), pelées, épépinées, coupées en morceaux	5 tasses	1,13 L
Sucre granulé	1 tasse	250 mL
Cannelle	1 c. à thé	5 mL
Préparation à pâte à biscuits	$1/2$ tasse	125 mL
Œufs	2	2
Lait	$3/4$ tasse	175 mL
Beurre ou margarine, ramolli	2 c. à soupe	30 mL
Vanille	1 c. à thé	5 mL
GARNITURE		
Farine tout usage	$2/3$ tasse	150 mL
Cassonade, tassée	$1/3$ tasse	75 mL
Sel	$1/4$ c. à thé	1 mL
Beurre ou margarine	3 c. à soupe	50 mL

Disposer les pommes dans un moule à tarte de 25 cm (10 po) graissé. Saupoudrer le sucre et la cannelle sur les pommes.

Combiner les 5 ingrédients suivants dans le mélangeur, jusqu'à obtenir un mélange homogène. On peut aussi travailler les ingrédients au batteur, dans un bol. Verser l'appareil sur les pommes.

Garniture : Mélanger la farine, le sucre, le sel et le beurre jusqu'à obtenir un mélange grossier. Le répandre sur les pommes. Cuire au four, à 350 °F (180 °C), environ 50 minutes, jusqu'à ce que les pommes soient cuites. Donne 1 tarte.

Photo à la page 53.

TARTE AUX CERISES SANS CROÛTE

Pratiquement impossible à distinguer d'une tarte traditionnelle.

Lait	1 tasse	250 mL
Œufs	2	2
Préparation à pâte à biscuits	1/2 tasse	125 mL
Sucre granulé	1/4 tasse	50 mL
Essence d'amande	1/4 c. à thé	1 mL
Garniture de tarte aux cerises, en conserve	19 oz	540 mL
GARNITURE		
Farine tout usage	3/4 tasse	175 mL
Cassonade, tassée	1/2 tasse	125 mL
Cannelle	1/4 c. à thé	1 mL
Sel	1/4 c. à thé	1 mL
Beurre ou margarine	1/4 tasse	50 mL

Combiner le lait, les œufs, le préparation à pâte à biscuits et le sucre dans le mélangeur. Mélanger environ 15 secondes, jusqu'à obtenir un appareil homogène. Verser celui-ci dans un moule à tarte de 25 cm (10 po) graissé.

En remuant, incorporer l'essence d'amande à la garniture de tarte aux cerises. Dresser à la cuillère, en petits tas également espacés, sur la tarte. Cuire sur la plus basse grille du four, à 400 °F (200 °C), environ 35 minutes.

Garniture : Mélanger les 5 ingrédients jusqu'à obtenir un mélange grossier. Le répandre sur la tarte partiellement cuite. Remettre la tarte au four et la cuire 10 minutes de plus, jusqu'à ce qu'elle soit dorée. Servir froide. Donne 1 tarte.

TARTE AU FONDANT SANS CROÛTE

Une tarte au centre moelleux qui satisfait les envies de chocolat. Se congèle bien.

Œufs	3	3
Sucre granulé	1 1/4 tasse	275 mL
Farine tout usage	1/4 tasse	50 mL
Vanille	1 c. à thé	5 mL
Carrés de chocolat non sucré, en morceaux	3 × 1 oz	3 × 28 g
Beurre ou margarine	1/2 tasse	125 mL
Crème glacée à la vanille ou Crème fouettée, voir page 30		

(suite...)

Dans un bol, fouetter les œufs jusqu'à obtenir un mélange homogène. Ajouter le sucre, la farine et la vanille. Bien mélanger.

Faire fondre les carrés de chocolat et le beurre dans une petite casserole, à feu doux. Ajouter le chocolat fondu aux œufs et bien fouetter pour combiner. Verser l'appareil dans un moule à tarte de 22 cm (9 po) graissé. Cuire au four, à 350 °F (180 °C), environ 35 minutes. Le centre semblera un peu mou et humide lorsqu'un cure-dents y sera inséré.

Servir chaude avec de la crème glacée ou de la crème fouettée. Donne 1 tarte.

TARTE À LA CITROUILLE IMPOSSIBLE

Cette tarte sans croûte se prépare en un rien de temps.

Lait évaporé	13$^1/_2$ oz	385 mL
Citrouille nature, en conserve	14 oz	398 mL
Sucre granulé	$^3/_4$ tasse	175 mL
Préparation à pâte à biscuits	$^1/_2$ tasse	125 mL
Œufs	2	2
Vanille	1 c. à thé	5 mL
Cannelle	1 c. à thé	5 mL
Gingembre	$^1/_2$ c. à thé	2 mL
Clous de girofle	$^1/_4$ c. à thé	1 mL
Crème fouettée, voir page 30		

Combiner les 9 premiers ingrédients dans le mélangeur, jusqu'à obtenir un mélange homogène. Verser l'appareil dans un moule à tarte de 22 cm (9 po) graissé. Cuire au four, à 350 °F (180 °C), 50 à 55 minutes, jusqu'à ce qu'un couteau inséré au milieu de la tarte ressorte propre. Laisser refroidir.

Garnir de crème fouettée avant de servir. Donne 1 tarte.

TARTE À LA NOIX DE COCO CHOCOLATÉE

Un régal de chocolat et de noix de coco.

Carrés de chocolat mi-sucré, en morceaux	4 × 1 oz	4 × 28 g
Beurre ou margarine	1/4 tasse	50 mL
Lait évaporé	13 1/2 oz	385 mL
Œufs, légèrement battus	3	3
Sucre granulé	1/2 tasse	125 mL
Noix de coco en flocons	1 1/3 tasse	300 mL
Fond de tarte de 22 cm (9 po), voir page 140	1	1
Crème fouettée, voir page 30		

Mélanger le chocolat, le beurre et le lait évaporé dans une casserole moyenne, à feu doux. Remuer souvent pour faire fondre le chocolat. Retirer du feu.

Incorporer les œufs, le sucre et la noix de coco.

Verser l'appareil dans la croûte. Cuire au four, à 400 °F (200 °C), environ 30 minutes, jusqu'à ce que la garniture soit prise. Laisser refroidir.

Servir avec de la crème fouettée. Donne 1 tarte.

TARTE AU FROMAGE BLANC

Une recette pour donner une allure nouvelle au fromage cottage, avec des raisins secs pour rehausser le tout.

Œufs	2	2
Fromage cottage sec, réduit en fine purée	2 tasses	500 mL
Farine tout usage	2 c. à soupe	30 mL
Sucre granulé	1 tasse	250 mL
Sel	1/4 c. à thé	1 mL
Vanille	1 c. à thé	5 mL
Lait	1 tasse	250 mL
Raisins secs	1 tasse	250 mL
Fond de tarte de 22 cm (9 po), voir page 140	1	1
Cannelle	1/4 c. à thé	1 mL

(suite...)

Fouetter les œufs dans un bol jusqu'à obtenir un mélange homogène. Ajouter les 5 ingrédients suivants. Battre pour mélanger le tout.

En remuant, incorporer le lait et les raisins secs.

Verser l'appareil dans la croûte. Cuire sur la plus basse grille du four, à 325 °F (160 °C), 45 à 60 minutes, jusqu'à ce qu'un couteau inséré au milieu de la tarte ressorte propre.

Au sortir du four, saupoudrer la tarte de cannelle. Donne 1 tarte.

TARTE AU CARAMEL ÉCOSSAIS

Un délice traditionnel.

Lait	2 tasses	450 mL
Cassonade foncée (pas à la demerara), tassée	1¼ tasse	275 mL
Farine tout usage	6 c. à soupe	100 mL
Sel	¼ c. à thé	1 mL
Vanille	1 c. à thé	5 mL
Jaunes d'œufs	3	3
Lait	¼ tasse	50 mL
Abaisse précuite de 22 cm (9 po), voir page 140	1	1
MERINGUE		
Blancs d'œufs, à la température de la pièce	3	3
Vinaigre	½ c. à thé	2 mL
Sucre granulé	6 c. à soupe	100 mL

Porter le lait à ébullition dans un poêlon.

En attendant, mélanger le sucre et la farine dans un bol. Y incorporer le sel, la vanille, les jaunes d'œufs et le lait. Incorporer ce mélange au lait en ébullition et remuer jusqu'à nouvelle ébullition et épaississement.

Verser l'appareil dans la croûte.

Meringue : Fouetter les blancs d'œufs et le vinaigre dans un bol pour les faire mousser. Ajouter le sucre graduellement, en fouettant jusqu'à ce qu'il soit dissous et que le mélange monte en neige ferme. Étaler la meringue sur la tarte en la faisant bien adhérer à la croûte. Cuire au four, à 350 °F (180 °C), environ 10 minutes, jusqu'à ce que la meringue soit dorée. Réfrigérer plusieurs heures. Donne 1 tarte.

Photo à la page 143.

TARTE À LA CRÈME SURE

Une tarte qui fait partie du patrimoine de toutes les familles. Personne ne peut en deviner la saveur, due aux raisins secs broyés.

Crème sure	1 tasse	250 mL
Œuf	1	1
Sucre granulé	$^1/_2$ tasse	125 mL
Cannelle	$^1/_4$ c. à thé	1 mL
Muscade	$^1/_4$ c. à thé	1 mL
Quatre-épices	$^1/_4$ c. à thé	1 mL
Sel	$^1/_8$ c. à thé	0,5 mL
Bicarbonate de soude, une pincée		
Raisins secs, broyés	1 tasse	250 mL
Fond de tarte de 22 cm (9 po), voir page 140	1	1

Mélanger les 8 premiers ingrédients dans un bol. Bien combiner le tout.

Ajouter les raisins secs. Il sera plus facile de les incorporer au mélange après une trentaine de minutes parce qu'ils auront ramolli. On peut aussi passer tous les ingrédients, sauf l'abaisse, au robot culinaire et combiner jusqu'à ce que les raisins secs soient broyés.

Verser l'appareil dans la croûte. Cuire sur la plus basse grille du four, à 350 °F (180 °C), 35 à 40 minutes, jusqu'à ce que la garniture soit prise. Donne 1 tarte.

TARTELETTES À LA CRÈME SURE : Verser la garniture dans des fonds de tartelettes. Un délice.

Photo à la page 125.

TARTE À LA CRÈME VANILLÉE

Quand pouding et tarte ne font qu'un.

Lait	2$^1/_3$ tasses	525 mL
Œufs	4	4
Sucre granulé	$^1/_2$ tasse	125 mL
Sel	$^1/_4$ c. à thé	1 mL
Vanille	1 c. à thé	5 mL
Fond de tarte de 22 cm (9 po), voir page 140	1	1
Muscade	$^1/_4$ c. à thé	1 mL

(suite...)

Porter le lait à quasi-ébullition dans un poêlon.

En attendant, dans un petit bol, remuer rapidement les œufs avec une cuillère. Y incorporer le sucre, le sel et la vanille, puis incorporer le tout au lait chaud, en remuant lentement.

Badigeonner la croûte de margarine ramollie ou d'un blanc d'œuf légèrement battu. Verser l'appareil dans la croûte. Saupoudrer de muscade. Cuire sur la plus basse grille du four, à 450 °F (230 °C), 10 minutes. Baisser le four à 325 °F (160 °C) et cuire environ 30 minutes de plus, jusqu'à ce qu'un couteau inséré au milieu de la tarte ressorte propre. Laisser refroidir. Donne 1 tarte.

TARTE AU CARAMEL

On peut substituer de la crème fouettée à la meringue. Excellente.

Cassonade, tassée	1¹/₄ **tasse**	275 mL
Beurre ou margarine	2 **c. à soupe**	30 mL
Eau	2 **c. à soupe**	30 mL
Eau	1 **tasse**	225 mL
Jaunes d'œufs	3	3
Lait	³/₄ **tasse**	175 mL
Fécule de maïs	2 **c. à soupe**	30 mL
Abaisse précuite de 22 cm (9 po), voir page 140	1	1
MERINGUE		
Blancs d'œufs, à la température de la pièce	3	3
Crème de tartre	¹/₄ **c. à thé**	1 mL
Sucre granulé	¹/₃ **tasse**	75 mL

Mélanger le sucre, le beurre et la première mesure de sucre dans un poêlon. Porter à ébullition en remuant. Remuer souvent pour éviter que le mélange brûle, et laisser frémir environ 5 minutes. Le mélange prend une couleur cuivrée et épaissit.

Ajouter la seconde mesure d'eau. Remuer et porter à nouvelle ébullition.

Mélanger les jaunes d'œufs, le lait et la fécule de maïs dans un petit bol. Incorporer au mélange en ébullition, en remuant jusqu'à ébullition et épaississement.

Verser l'appareil dans la croûte.

Meringue : Fouetter les blancs d'œufs et la crème de tartre dans un bol pour les faire mousser. Ajouter le sucre graduellement, en fouettant jusqu'à ce qu'il soit dissous et que le mélange monte en neige ferme. Étaler la meringue sur la tarte en la faisant bien adhérer à la croûte. Cuire au four, à 375 °F (190 °C), environ 10 minutes, jusqu'à ce que la meringue soit dorée. Donne 1 tarte.

TARTE AU FOND NOIR

Une couche de chocolat recouverte de crème anglaise froide parfumée au rhum. Pour couronner le tout, un filet de chocolat.

CRÈME ANGLAISE
Lait	2 tasses	450 mL
Sucre granulé	$\frac{1}{2}$ tasse	125 mL
Fécule de maïs	2 c. à soupe	30 mL
Jaunes d'œufs	3	3
Vanille	1 c. à thé	5 mL
Sel	$\frac{1}{2}$ c. à thé	2 mL

COUCHE DE CHOCOLAT
Crème anglaise réservée	1 tasse	250 mL
Brisures de chocolat mi-sucré	$\frac{1}{2}$ tasse	125 mL
Abaisse précuite de 22 cm (9 po), voir page 140	1	1

COUCHE PÂLE
Gélatine non parfumée	1 x $\frac{1}{4}$ oz	1 x 7 g
Eau	$\frac{1}{4}$ tasse	50 mL
Crème anglaise restante		
Essence de rhum	2 c. à thé	10 mL
Blancs d'œufs, à la température de la pièce	3	3
Crème de tartre	$\frac{1}{4}$ c. à thé	1 mL
Sucre granulé	$\frac{1}{2}$ tasse	125 mL

Crème anglaise : Porter le lait à ébullition dans une casserole, à feu moyen.

En attendant, mélanger le sucre, la fécule de maïs, les jaunes d'œufs, la vanille et le sel dans un petit bol. En remuant, incorporer le tout au lait bouillant, puis porter à nouvelle ébullition. Retirer du feu.

Couche de chocolat : Verser 250 mL (1 tasse) de crème anglaise chaude dans un petit bol. Ajouter les brisures de chocolat. Remuer pour faire fondre le chocolat.

Verser l'appareil dans la croûte. Réfrigérer.

Couche pâle : Saupoudrer la gélatine sur l'eau. Laisser reposer 1 minute. Ajouter au reste de crème anglaise chaude. Remuer pour dissoudre la gélatine. Ajouter l'essence de rhum. Réfrigérer jusqu'à consistance sirupeuse. Le mélange devrait former des pics mous à la cuillère.

Fouetter les blancs d'œufs et la crème de tartre jusqu'à obtenir des pics mous. Ajouter le sucre graduellement, en fouettant jusqu'à obtenir une neige ferme. Incorporer, en pliant, à la crème anglaise épaissie. Verser cet appareil sur la couche de chocolat. Réfrigérer. Donne 1 tarte.

Photo à la page 17.

TARTE AU CITRON MERINGUÉE

La tarte par excellence : citronnée et légère, il vaut mieux la servir le jour même.

GARNITURE

Sucre granulé	1 tasse	250 mL
Fécule de maïs	3 c. à soupe	50 mL
Eau chaude	2 tasses	500 mL
Jaunes d'œufs	3	3
Jus des citrons	2	2
Beurre ou margarine	1 c. à soupe	15 mL
Sel	¼ c. à thé	1 mL
Abaisse précuite de 22 cm (9 po), voir page 140	1	1

MERINGUE

Blancs d'œufs, à la température de la pièce	3	3
Crème de tartre	¼ c. à thé	1 mL
Sucre granulé	6 c. à soupe	100 mL

Garniture : Mettre le sucre et la fécule de maïs dans une casserole moyenne. Remuer pour mélanger, puis incorporer l'eau et les jaunes d'œufs. Porter à ébullition en remuant, à feu moyen. Laisser frémir 1 minute. Retirer du feu.

Incorporer le jus de citron, le beurre et le sel. Laisser refroidir.

Dresser l'appareil dans la croûte, à la cuillère.

Meringue : Fouetter les blancs d'œufs et la crème de tartre dans un bol pour les faire mousser. Ajouter le sucre graduellement, en fouettant jusqu'à ce qu'il soit dissous et que le mélange monte en neige ferme. On ne devrait pas sentir de grains lorsque l'on frotte une petite quantité de meringue au bout des doigts. Dresser la meringue sur la garniture, en la faisant bien adhérer à la croûte. Cuire dans le haut du four, à 350 °F (180 °C), 10 à 15 minutes, jusqu'à ce que la meringue soit dorée. Donne 1 tarte.

TARTE À LA LIME MERINGUÉE : Substituer de la lime au citron. Ajouter environ 10 mL (2 c. à thé) de zeste de lime râpé fin, au goût.

TARTE AU CITRON AU FOND NOIR : Répandre 250 mL (1 tasse) de brisures de chocolat mi-sucré dans la croûte précuite. Chauffer au four à 350 °F (180 °C) pour faire fondre le chocolat. L'étaler également dans la croûte. Réfrigérer. Finir la tarte tel qu'indiqué ci-dessus.

TARTE À LA CRÈME AUX ARACHIDES

Une tarte veloutée, légèrement parfumée aux arachides.

GARNITURE

Lait	2¹/₄ tasses	500 mL
Sucre granulé	²/₃ tasse	150 mL
Fécule de maïs	3 c. à soupe	50 mL
Jaunes d'œufs	3	3
Lait	¹/₄ tasse	60 mL
Vanille	1 c. à thé	5 mL

MIETTES

Beurre d'arachides crémeux	¹/₂ tasse	125 mL
Sucre à glacer	1 tasse	250 mL
Abaisse précuite de 22 cm (9 po), voir page 140	1	1

MERINGUE

Blancs d'œufs, à la température de la pièce	3	3
Crème de tartre	¹/₄ c. à thé	1 mL
Sucre granulé	6 c. à soupe	100 mL

Garniture : Porter le lait à ébullition dans un poêlon.

En attendant, mélanger le sucre et la fécule de maïs dans un petit bol. Y incorporer les jaunes d'œufs, le lait et la vanille. En remuant, incorporer ce mélange au lait bouillant. Chauffer jusqu'à ébullition et épaississement, en remuant. Retirer du feu. Laisser refroidir pendant 30 minutes.

Miettes : Mélanger le beurre d'arachides et le sucre à glacer jusqu'à obtenir un mélange grossier.

Répandre environ le ²/₃ des miettes dans la croûte, puis y verser l'appareil. Répandre le reste des miettes sur la tarte.

Meringue : Fouetter les blancs d'œufs et la crème de tartre dans un bol pour les faire mousser. Ajouter le sucre graduellement, en fouettant jusqu'à ce qu'il soit dissous et que le mélange monte en neige ferme. Étaler la meringue sur la garniture en la faisant bien adhérer à la croûte. Cuire au four, à 350 °F (180 °C), 10 à 15 minutes, jusqu'à ce que la meringue soit dorée. Donne 1 tarte.

Remarque : on peut substituer de la crème fouettée, voir page 30, à la meringue. On dresse la crème sur la tarte après que celle-ci a refroidi.

TARTE À LA CRÈME DES TROPIQUES

Une tarte froide qui déborde de saveur.

Lait	2$^1/_4$ tasses	500 mL
Sucre granulé	$^2/_3$ tasse	150 mL
Farine tout usage	$^1/_2$ tasse	125 mL
Sel	$^1/_4$ c. à thé	1 mL
GARNITURE		
Jaunes d'œufs	3	3
Beurre ou margarine	2 c. à soupe	30 mL
Vanille	1 c. à thé	5 mL
Noix de coco, en flocons ou en brins	1 tasse	250 mL
Abaisse précuite de 22 cm (9 po), voir page 140	1	1
CRÈME FOUETTÉE		
Crème à fouetter (ou 1 sachet de garniture à dessert)	1 tasse	250 mL
Sucre granulé	1 c. à soupe	15 mL
Vanille	$^3/_4$ c. à thé	4 mL
Noix de coco, en brins, grillée	$^1/_3$ tasse	75 mL

Porter le lait à ébullition dans un poêlon.

Bien mélanger le sucre, la farine et le sel dans un petit bol. Incorporer le tout au lait bouillant et chauffer, en remuant, jusqu'à nouvelle ébullition et épaississement.

Garniture : Mettre les jaunes d'œufs, le beurre et la vanille dans un petit bol. Ajouter environ 125 mL (½ tasse) du mélange chaud. Remuer. Retourner les œufs au mélange chaud en une seule fois, en remuant continuellement jusqu'à ébullition et épaississement.

Ajouter la noix de coco. Remuer. Laisser refroidir 15 minutes.

Verser l'appareil dans la croûte. Poser une pellicule plastique directement sur la garniture. Réfrigérer plusieurs heures.

Crème fouettée : Dans un petit bol, fouetter la crème, le sucre et la vanille jusqu'à ce que le mélange épaississe. Le dresser sur la tarte à la cuillère.

Faire griller la noix de coco dans une poêle ou au four jusqu'à ce qu'elle soit bien dorée. Laisser refroidir. Répandre sur la crème fouettée. Donne 1 tarte.

TARTE À LA NOIX DE COCO MERINGUÉE : Mettre 3 jaunes d'œufs dans l'appareil et faire la meringue, voir page 66, avec 3 blancs d'œufs. La dresser sur l'appareil chaud. Garnir de noix de coco. Cuire au four, à 350 °F (180 °C), environ 10 minutes, jusqu'à ce que la meringue soit dorée.

TARTE À LA CITROUILLE FAÇON STREUSEL

Un délice, avec sa croûte croustillante et sucrée.

Citrouille nature, en conserve (ou fraîche, cuite et réduite en purée)	14 oz	398 mL
Œuf	1	1
Lait condensé sucré (voir remarque)	11 oz	300 mL
Pacanes ou noix de Grenoble, hachées	$^1/_3$ tasse	75 mL
Fond de tarte de 22 cm (9 po), voir page 140	1	1
GARNITURE FAÇON STREUSEL		
Cassonade, tassée	$^1/_2$ tasse	125 mL
Farine tout usage	$^1/_4$ tasse	60 mL
Beurre ou margarine	$^1/_4$ tasse	60 mL
Cannelle	$^1/_2$ c. à thé	2 mL
Pacanes ou noix de Grenoble, hachées	$^1/_4$ tasse	60 mL

Fouetter les 3 premiers ingrédients ensemble dans un bol. Y incorporer les pacanes.

Verser l'appareil dans la croûte.

Garniture façon Streusel : Mélanger les 4 premiers ingrédients jusqu'à obtenir un mélange grossier.

Ajouter les pacanes. Remuer. Répandre sur la tarte. Cuire sur la plus basse grille du four, à 375 °F (190 °C), quelque 50 minutes, jusqu'à ce qu'un couteau inséré au milieu de la tarte ressorte propre. Laisser refroidir. Donne 1 tarte.

Remarque : on peut substituer une boîte de 398 mL (14 oz).

TARTE À L'ORANGE MERINGUÉE

Un régal pour les yeux et le palais, truffé d'oranges fraîches.

Zeste d'orange râpé	1 c. à soupe	15 mL
Jus de 2 oranges additionné d'eau	2 tasses	450 mL
Jus de citron	1 c. à soupe	15 mL
Sucre granulé	³/₄ tasse	175 mL
Fécule de maïs	¹/₄ tasse	60 mL
Sel	¹/₂ c. à thé	2 mL
Jaunes d'œufs	3	3
Beurre ou margarine, ramolli	2 c. à soupe	30 mL
Orange, pelée, divisée en quartiers, membrane ôtée, coupée en morceaux	1	1
MERINGUE		
Blancs d'œufs, à la température de la pièce	3	3
Crème de tartre	¹/₄ c. à thé	1 mL
Sucre granulé	6 c. à soupe	100 mL
Abaisse précuite de 22 cm (9 po), voir page 140	1	1

Râper fin le zeste des oranges. Mettre de côté.

Porter le jus des oranges, l'eau et le jus de citron à ébullition dans une casserole.

Dans un petit bol, mélanger le sucre, la fécule de maïs et le sel. Ajouter les jaunes d'œufs et le beurre, puis le zeste d'orange. Battre à la cuillère jusqu'à obtenir un mélange homogène. En remuant, incorporer au mélange qui bout. Laisser bouillir jusqu'à épaississement.

Retirer du feu. En remuant, incorporer les morceaux d'orange. Mettre de côté.

Meringue : Fouetter les blancs d'œufs et la crème de tartre dans un bol pour les faire mousser. Ajouter le sucre graduellement, en fouettant jusqu'à ce qu'il soit dissous et que le mélange monte en neige ferme.

Verser l'appareil à l'orange dans la croûte. Dresser la meringue sur la garniture, à la cuillère, en la faisant bien adhérer à la croûte. Cuire au four, à 350 °F (180 °C), environ 10 minutes, jusqu'à ce que la meringue soit dorée. Laisser refroidir. Donne 1 tarte.

TARTE AU BABEURRE

Une tarte dorée, légèrement parfumée de muscade.

Œufs	3	3
Beurre ou margarine, fondu	½ tasse	125 mL
Sucre granulé	1½ tasse	375 mL
Farine tout usage	3 c. à soupe	50 mL
Babeurre	1 tasse	250 mL
Vanille	1 c. à thé	5 mL
Jus de citron	1 c. à soupe	15 mL
Muscade	⅛ c. à thé	0,5 mL
Fond de tarte de 22 cm (9 po), voir page 140	1	1

Dans un bol, fouetter les œufs pour les faire mousser. Ajouter le beurre, le sucre et la farine. Fouetter jusqu'à obtenir un mélange homogène.

En remuant, incorporer le babeurre, la vanille, le jus de citron et la muscade.

Verser l'appareil dans la croûte. Cuire au four, à 350 °F (180 °C), 45 à 55 minutes, jusqu'à ce que la garniture soit prise. Se congèle bien. Donne 1 tarte.

TARTE À LA CRÈME CLASSIQUE

Une tarte traditionnelle, dont on ne se lasse pas.

CROÛTE DE CHAPELURE GRAHAM		
Beurre ou margarine	$^1/_3$ tasse	75 mL
Chapelure de biscuits Graham	$1^1/_4$ tasse	275 mL
Sucre granulé	$^1/_4$ tasse	50 mL
GARNITURE		
Lait	2 tasses	450 mL
Sucre granulé	$^1/_2$ tasse	125 mL
Fécule de maïs	$^1/_4$ tasse	60 mL
Sel	$^1/_8$ c. à thé	0,5 mL
Jaunes d'œufs	3	3
Lait	$^1/_4$ tasse	60 mL
Vanille	1 c. à thé	5 mL
MERINGUE		
Blancs d'œufs, à la température de la pièce	3	3
Crème de tartre	$^1/_4$ c. à thé	1 mL
Sucre granulé	6 c. à soupe	100 mL
Chapelure réservée	3 c. à soupe	50 mL

Croûte de chapelure Graham : Faire fondre le beurre dans une casserole. En remuant, y incorporer la chapelure de biscuits Graham et le sucre. Réserver 50 mL (3 c. à soupe) du mélange. Presser le reste sur le fond et les parois d'un moule à tarte de 22 cm (9 po). Cuire au four, à 350 °F (180 °C), 10 minutes. Laisser refroidir. Pour d'autres recettes, ne pas réserver de mélange à moins qu'on ne l'indique.

Garniture : Porter la première mesure de lait à ébullition dans un poêlon, à feu moyen.

En attendant, mélanger le sucre et la fécule de maïs dans un bol. En remuant, y incorporer le sel, les jaunes d'œufs, la seconde mesure de lait et la vanille. Incorporer cet appareil au lait bouillant et porter à nouvelle ébullition, en remuant jusqu'à épaississement. Verser l'appareil dans la croûte.

Meringue : Fouetter les blancs d'œufs et la crème de tarte dans un bol pour les faire mousser. Ajouter le sucre graduellement, en fouettant jusqu'à ce qu'il soit dissous et que le mélange monte en neige ferme. Étaler la meringue sur la tarte en la faisant bien adhérer à la croûte.

Répandre la chapelure réservée sur la tarte. Cuire au four, à 350 °F (180 °C), environ 10 minutes, jusqu'à ce que la meringue soit dorée. Laisser refroidir au moins 2 à 3 heures. Donne 1 tarte.

TARTE À LA CRÈME MERINGUÉE

Une crème au lait vanillée couronnée d'une meringue. Une tarte de nos grands-mères qui s'est perpétuée.

Lait	2¹/₄ tasses	500 mL
Sucre granulé	³/₄ tasse	175 mL
Farine tout usage	¹/₂ tasse	125 mL
Sel	¹/₂ c. à thé	2 mL
Jaunes d'œufs	3	3
Vanille	1 c. à thé	5 mL
Lait	¹/₄ tasse	50 mL
Abaisse précuite de 22 cm (9 po), voir page 140	1	1
MERINGUE		
Blancs d'œufs, à la température de la pièce	3	3
Crème de tartre	¹/₄ c. à thé	1 mL
Sucre granulé	6 c. à soupe	100 mL

Chauffer la première mesure de lait dans un poêlon, jusqu'à ce qu'il frémisse.

En attendant, mélanger le sucre, la farine et le sel dans un bol. En remuant, y incorporer les jaunes d'œufs, la vanille et la deuxième mesure de lait. Incorporer cet appareil au lait chaud et porter le tout à ébullition, en remuant jusqu'à épaississement. Ne pas cuire l'appareil trop longtemps pour éviter les grumeaux. Si le mélange est grumeleux, le passer au mélangeur.

Verser l'appareil dans la croûte.

Meringue : Fouetter les blancs d'œufs et la crème de tarte dans un bol pour les faire mousser. Ajouter le sucre graduellement, en fouettant jusqu'à ce qu'il soit dissous et que le mélange monte en neige ferme. Dresser la meringue sur la tarte en la faisant bien adhérer à la croûte. Cuire au four, à 350 °F (180 °C), environ 10 minutes, jusqu'à ce que la meringue soit dorée. Donne 1 tarte.

TARTE À LA CRÈME AUX BANANES : Ajouter 2 bananes tranchées à la garniture. Substituer la crème fouettée, voir page 30, à la meringue, au goût.

Photo à la page 125.

TARTE AUX NOIX DE MACADAMIA : Ajouter 125 mL (¹/₂ tasse) de noix de macadamia hachées à la garniture. Garnir de crème fouettée, voir page 30.

TARTE À LA CITROUILLE

La tarte par excellence pour fêter l'Action de grâce, mais elle plaît autant le reste de l'année.

Œufs	2	2
Cassonade, tassée (ou sucre blanc)	²/₃ tasse	150 mL
Citrouille nature, en conserve	14 oz	398 mL
Cannelle	³/₄ c. à thé	4 mL
Gingembre	¹/₂ c. à thé	2 mL
Muscade	¹/₂ c. à thé	2 mL
Clous de girofle	¹/₈ c. à thé	0,5 mL
Sel	¹/₂ c. à thé	2 mL
Lait (de préférence partiellement ou entièrement évaporé)	1¹/₂ tasse	350 mL
Fond de tarte de 22 cm (9 po), voir page 140	1	1
Crème fouettée, voir page 30		

Dans un bol, légèrement fouetter les œufs. Ajouter les 8 ingrédients suivants, dans l'ordre donné, et mélanger.

Verser l'appareil dans la croûte. S'il reste de la garniture, la cuire dans un autre récipient à côté de la tarte. Cuire sur la plus basse grille du four, à 450 °F (230 °C), 10 minutes. Baisser le four à 350 °F (180 °C) et cuire environ 35 minutes de plus, jusqu'à ce qu'un couteau inséré au milieu de la tarte ressorte propre. Laisser refroidir.

Garnir de crème fouettée. Donne 1 tarte.

TARTE AU SUCRE

Une tarte riche, au subtil parfum de caramel. La garnir de crème fouettée.

Cassonade ou sucre d'érable, tassé	1¹/₂ tasse	350 mL
Farine tout usage	¹/₄ tasse	50 mL
Lait évaporé ou crème à fouetter	1¹/₂ tasse	350 mL
Fond de tarte de 22 cm (9 po), voir page 140	1	1

Mélanger la cassonade et la farine dans un bol. En remuant, incorporer le lait.

Verser l'appareil dans la croûte. Cuire sur la plus basse grille du four, à 350 °F (180 °C), quelque 60 minutes jusqu'à ce qu'un couteau inséré au milieu de la tarte ressorte assez propre, quoique pas complètement net. Donne 1 tarte.

Photo à la page 143.

TARTE À LA CITROUILLE ET AU FROMAGE

Un changement exquis. Le fromage à la crème ajoute beaucoup à cette tarte.

Fromage à la crème, ramolli	4 oz	125 g
Sucre granulé	$1/4$ tasse	50 mL
Vanille	$1/2$ c. à thé	2 mL
Œuf	1	1
Fond de tarte de 22 cm (9 po), voir page 140	1	1
Citrouille nature, en conserve (ou fraîche, cuite et passée à l'étamine)	14 oz	398 mL
Œufs	2	2
Sucre granulé	$1/2$ tasse	125 mL
Cannelle	$3/4$ c. à thé	4 mL
Muscade	$1/4$ c. à thé	1 mL
Gingembre	$1/4$ c. à thé	1 mL
Sel	$1/4$ c. à thé	1 mL
Lait évaporé	1 tasse	250 mL

Dans un petit bol, fouetter le fromage à la crème, la première mesure de sucre, la vanille et 1 œuf jusqu'à obtenir un mélange homogène.

Étaler l'appareil dans la croûte.

Bien mélanger la citrouille et les 2 œufs. Ajouter la seconde mesure de sucre, les épices et le sel. Remuer. Ajouter le lait. Remuer. Verser l'appareil dans la croûte, sur le fromage. S'il reste de la garniture, la cuire dans un autre récipient à côté de la tarte. Cuire sur la plus basse grille du four, à 350 °F (180 °C) environ 1 heure, jusqu'à ce qu'un couteau inséré au milieu de la tarte ressorte propre. Laisser refroidir. Donne 1 tarte.

TARTE À LA CRÈME CITRONNÉE

Une tarte à base de crème sure, au bon goût citronné.

Sucre granulé	1 tasse	250 mL
Fécule de maïs	$1/4$ tasse	60 mL
Beurre ou margarine	2 c. à soupe	30 mL
Jus de citron	$1/4$ tasse	60 mL
Zeste de citron râpé	1 c. à soupe	15 mL
Lait	1 tasse	225 mL
Œuf, battu	1	1
Crème sure	1 tasse	225 mL
Abaisse précuite de 22 cm (9 po), voir page 140	1	1
Crème fouettée, voir page 30		

Dans un poêlon, mélanger le sucre et la fécule de maïs. Y ajouter le beurre, le jus et le zeste de citron et le lait. Chauffer à feu moyen, en remuant, jusqu'à ébullition et épaississement.

À la cuillère, incorporer environ 50 mL ($1/4$ tasse) de cet appareil à l'œuf battu, puis retourner le tout à la casserole. Porter à nouvelle ébullition en remuant. Retirer du feu. Laisser refroidir.

Ajouter la crème sure. Bien remuer et verser l'appareil dans la croûte. Réfrigérer.

Garnir la tarte de crème fouettée. Donne 1 tarte.

SAUCE AUX BLEUETS

De rigueur avec les tartes parfumées au citron.

Bleuets, frais ou surgelés	$1^1/2$ tasse	375 mL
Sucre granulé	$1/3$ tasse	75 mL
Jus de citron	1 c. à thé	5 mL
Fécule de maïs	1 c. à soupe	15 mL
Eau	1 c. à soupe	15 mL

Mélanger les bleuets, le sucre et le jus de citron dans une casserole. Chauffer à feu doux pour faire juter les bleuets. Porter à ébullition.

Mélanger la fécule de maïs et l'eau dans une petite tasse. Incorporer ce liquide aux bleuets en ébullition et remuer jusqu'à ce que le mélange épaississe et éclaircisse. Laisser refroidir. Napper les pointes de tarte de cette sauce, qui rehausse particulièrement bien les tartes au citron ou parfumées à la vanille. Donne environ 250 mL (1 tasse) de sauce.

SAUCE AU CARAMEL

Cette sauce de conserve bien au réfrigérateur. Il suffit de la réchauffer pour s'en servir.

Sucre granulé	$^1/_2$ **tasse**	**125 mL**
Eau	$^1/_2$ **tasse**	**125 mL**
Sucre granulé	$^1/_2$ **tasse**	**125 mL**
Crème à fouetter	$^1/_3$ **tasse**	**75 mL**
Vanille	**1 c. à thé**	**5 mL**

Mettre la première mesure de sucre dans une poêle épaisse, à feu modéré. Remuer le sucre pour le faire fondre. Il prendra une couleur cuivrée. Retirer du feu.

Ajouter l'eau et remuer. Le sucre grésillera à l'ajout d'eau. Remettre la poêle sur le feu et remuer pour bien mélanger le tout.

En remuant, incorporer le reste du sucre, la crème et la vanille. Employer tiède pour napper des tartes à la crème ou à la crème anglaise, ainsi que les tartes aux flans. Donne environ 250 mL (1 tasse).

CRÈME ANGLAISE

Une sauce liquide, passée à l'étamine pour éliminer les grumeaux.

Lait	**1 tasse**	**225 mL**
Sucre granulé	**3 c. à soupe**	**50 mL**
Farine tout usage	**1 c. à thé**	**5 mL**
Œufs	**2**	**2**
Vanille	$^1/_2$ **c. à thé**	**2 mL**
Essence de brandy (au goût)	$^1/_2$ **c. à thé**	**2 mL**

Chauffer le lait au bain-marie.

Dans un petit bol, bien mélanger le sucre, la farine et les œufs. Incorporer le mélange au lait chaud et remuer jusqu'à ce que la crème commence à épaissir. Retirer du feu.

Ajouter la vanille et l'essence de brandy. Passer à l'étamine. Servir la crème chaude ou froide avec une tarte aux fruits ou toute tarte qui vaut d'être rehaussée. Donne environ 375 mL (1$^1/_2$ tasse).

FOURRAGE AU FROMAGE CITRONNÉ

De petites gâteries faciles à faire à condition d'avoir des abaisses de tartelettes précuites sous la main.

Œufs	3	3
Jus des citrons	3	3
Sucre granulé	1 tasse	250 mL
Beurre ou margarine	3 c. à soupe	50 mL

Bien fouetter les œufs dans un bain-marie. L'aluminium pouvant parfois noircir le citron, il vaut mieux se servir d'une casserole en acier inoxydable. Incorporer le jus de citron, le sucre et le beurre aux œufs. Cuire sur un bain d'eau bouillante environ 15 minutes, jusqu'à ce que le mélange soit lisse et épais. Remuer sans arrêt. Lorsque l'appareil est prêt, il devrait monter en pics. En refroidissant, le mélange épaissira davantage. Retirer du feu. Laisser refroidir. Conserver dans des bocaux, au réfrigérateur, ou congeler. Donne environ 275 mL (1$\frac{1}{4}$ tasse).

TARTELETTES CITRONNÉES : Dresser le mélange dans des abaisses de tartelettes précuites, voir page 140. Garnir d'une cerise ou d'un peu de crème fouettée.

Photo à la page 125.

MERINGUE EN DEUX ÉTAPES

Donne une belle garniture dorée et bien gonflée.

Fécule de maïs	1 c. à soupe	15 mL
Eau	$\frac{1}{2}$ tasse	125 mL
Blancs d'œufs, à la température de la pièce	3	3
Sel, une petite pincée		
Sucre granulé	6 c. à soupe	100 mL
Vanille	$\frac{1}{2}$ c. à thé	2 mL

Dans une petite casserole, mélanger l'eau et la fécule de maïs. Chauffer en remuant jusqu'à ébullition et épaississement. Laisser refroidir complètement. Pour accélérer le refroidissement, déposer la casserole dans un récipient d'eau froide.

Battre les blancs d'œufs et le sel pour les faire mousser. Ajouter le sucre graduellement, en fouettant jusqu'à ce qu'il soit dissous et que le mélange épaississe. Ajouter la vanille et le mélange de fécule de maïs. Monter en neige ferme. Étaler la meringue sur la tarte en la faisant bien adhérer à la croûte sinon elle rétrécira en refroidissant. Cuire au four, à 350 °F (180 °C), environ 10 minutes, jusqu'à ce que la meringue soit dorée. Laisser refroidir à l'abri des courants d'air. Donne 1 garniture meringuée.

TARTE GRATTE-CIEL

Facile à faire. Elle se découpe bien sans être dégelée. Pratique. L'essayer avec une croûte de chapelure de gaufrettes au chocolat.

CROÛTE AUX NOIX RAPIDE

Farine tout usage	1 tasse	250 mL
Sucre granulé	3 c. à soupe	50 mL
Beurre ou margarine, ramolli	$1/2$ tasse	125 mL
Noix de Grenoble, hachées fin	$1/3$ tasse	75 mL

GARNITURE

Blancs d'œufs	2	2
Jus de citron	2 c. à soupe	30 mL
Sucre granulé	1 tasse	225 mL
Fraises tranchées, surgelées dans un sirop épais, presque dégelées	15 oz	425 g
Crème à fouetter (ou 1 sachet de garniture à dessert)	1 tasse	250 mL

Croûte aux noix rapide : Mélanger la farine, le sucre et le beurre dans un bol. Travailler le mélange jusqu'à obtenir une boule de pâte.

Incorporer les noix à la pâte. Presser le mélange sur le fond et les parois d'un moule à tarte de 22 cm (9 po). Piquer le fond avec une fourchette. Cuire au four, à 350 °F (180 °C), environ 20 minutes, jusqu'à ce qu'elle soit légèrement dorée. Laisser refroidir.

Garniture : Mettre les blancs d'œufs, le jus de citron, le sucre et les fraises dans un bol. Battre à haute vitesse 10 à 15 minutes, jusqu'à ce que le mélange épaississe et gonfle considérablement. Il doit être ferme.

Fouetter la crème dans un petit bol pour qu'elle épaississe. L'incorporer, en pliant, au mélange de fraises. Verser l'appareil dans la croûte. Congeler. La tarte peut demeurer au congélateur jusqu'au moment de servir. Elle se découpe bien sans qu'il faille la dégeler. Donne 1 tarte.

TARTE À LA CRÈME GLACÉE

Une garniture aux fraises gelée dans une croûte au chocolat à la vanille, au choix.

Croûte au chocolat croustillante, voir page 82	1	1
GARNITURE		
Fraises ou framboises tranchées, surgelées dans un sirop épais, dégelées et égouttées	**15 oz**	**425 g**
Crème glacée à la vanille, ramollie	**3 tasses**	**700 mL**

Préparer la croûte. La congeler.

Garniture : Dans un grand bol, bien combiner les fraises et la crème glacée. Le mélange ne doit pas obligatoirement être homogène. Verser l'appareil dans la croûte. Congeler. Donne 1 tarte.

TARTE AU RUBAN DE AU CHOCOLAT

Une vraie merveille, avec ses couches de crème glacée à la vanille et de chocolat. Se découpe bien alors qu'elle est gelée.

SAUCE AU CHOCOLAT		
Lait évaporé	**1 tasse**	**250 mL**
Brisures de chocolat mi-sucré	**1 tasse**	**250 mL**
Guimauves miniatures	**1 tasse**	**250 mL**
GARNITURE		
Crème glacée à la vanille, ramollie	**1 pte**	**1 L**
Abaisse précuite de 22 cm (9 po), voir page 140	**1**	**1**
Pacanes ou noix de Grenoble, hachées	**2 c. à soupe**	**30 mL**

Sauce au chocolat : Chauffer le lait évaporé et les brisures de chocolat dans une casserole, à feu modéré. Remuer souvent pour faire fondre le chocolat.

Ajouter les guimauves. Remuer pour les faire fondre. Laisser refroidir.

Garniture : Travailler la moitié de la crème glacée à la cuillère et l'étaler dans la croûte. Congeler. Étaler la moitié de la sauce au chocolat sur cette première couche. Remettre le tout au congélateur. Répéter.

Répandre les pacanes sur la tarte. Garder congelée. Donne 1 tarte.

TARTE À L'HAWAÏENNE GELÉE

Une tarte au parfum léger de banane. Une carte postale d'Hawaï.

Guimauves miniatures	2 tasses	500 mL
Ananas broyé, dans son jus, en conserve	14 oz	398 mL
Zeste de citron râpé	1/2 c. à thé	2 mL
Banane moyenne, en purée	1	1
Jus de citron	1 1/2 c. à thé	7 mL
Crème à fouetter (ou 1 sachet de garniture à dessert)	1 tasse	250 mL
Croûte de chapelure de biscuits Graham précuite, voir page 73	1	1

Dans une poêlon moyen, combiner les guimauves, l'ananas et son jus et le zeste de citron. Chauffer à feu modéré. Remuer souvent pour faire fondre les guimauves. Réfrigérer, en remuant à l'occasion, jusqu'à ce que le mélange épaississe.

À la cuillère, incorporer la banane et le jus de citron à l'appareil.

Dans un petit bol, fouetter la crème pour qu'elle épaississe. L'incorporer, en pliant, à l'appareil de banane et d'ananas.

Verser l'appareil dans la croûte. Congeler à découvert. Couvrir et conserver au congélateur. Sortir la tarte du congélateur et la laisser reposer à la température de la pièce au moins 30 minutes avant de la couper. Donne 1 tarte.

Photo à la page 35.

TARTE À LA MENTHE NAPPÉE

Le chocolat et la menthe vont naturellement ensemble. Un duo gelé.

CROÛTE AU CHOCOLAT CROUSTILLANTE

Beurre ou margarine	2 c. à soupe	30 mL
Brisures de chocolat mi-sucré	2/3 tasse	150 mL
Céréale de riz croustillant	2 tasses	450 mL

GARNITURE

Crème glacée au chocolat	1 pte	1 L
Crème de menthe (ou 5 mL, 1 c. à thé, d'essence de menthe poivrée)	1/3 tasse	75 mL

Sauce au chocolat, voir page 81

(suite...)

Croûte au chocolat croustillante : Faire fondre le beurre et les brisures de chocolat dans une casserole moyenne, à feu doux. Remuer souvent pour accélérer la dissolution des ingrédients. Retirer du feu. Ajouter les céréales. Remuer pour bien les enrober. Presser le mélange sur le fond et les parois d'un moule à tarte de 22 cm (9 po). Congeler.

Garniture : Travailler la crème glacée à la cuillère pour pouvoir y incorporer la crème de menthe. La dresser à la cuillère dans la croûte. Congeler. Couvrir pour la conservation au congélateur.

Napper chaque pointe de sauce au chocolat. Donne 1 tarte.

TARTE AU CHOCOLAT GELÉE

À la fois croustillante et onctueuse.

Croûte de chapelure de biscuits Graham précuite, voir page 73, ou croûte de gaufrettes au chocolat, voir page 29	1	1
GARNITURE		
Fromage à la crème, ramolli	8 oz	250 g
Sucre granulé	1 tasse	250 mL
Sel	1/4 c. à thé	1 mL
Vanille	1 c. à thé	5 mL
Brisures de chocolat mi-sucré	1 tasse	250 mL
Lait	1/3 tasse	75 mL
Crème à fouetter (ou 1 sachet de garniture à dessert)	1 tasse	250 mL
Pacanes ou noix de Grenoble, hachées	1/2 tasse	125 mL

Préparer la croûte. La laisser refroidir.

Garniture : Mélanger les 4 premiers ingrédients dans un bol. Battre le tout jusqu'à obtenir un mélange homogène.

Faire chauffer les brisures de chocolat et le lait dans une petite casserole, à feu doux, jusqu'à ce que le chocolat fonde. Remuer souvent. Laisser refroidir. Déposer la casserole dans un récipient d'eau froide pour accélérer le refroidissement. Incorporer à l'appareil de fromage à la crème, avec un fouet.

Dans un petit bol, fouetter la crème pour qu'elle épaississe. L'incorporer au mélange, en pliant.

Incorporer les pacanes à l'appareil, en pliant. Verser celui-ci dans la croûte. Congeler. Servir la tarte telle quelle ou garnie de crème fouettée, voir page 30, ou de sauce au chocolat, voir page 81. Donne 1 tarte.

TARTE AUX FRAISES NORVÉGIENNE

Une pâtisserie qui attire les regards. Elle est couronnée de meringue à l'italienne ou traditionnelle.

CROÛTE GRAHAM AU CHOCOLAT

Beurre ou margarine	1/3 tasse	75 mL
Chapelure de biscuits Graham	1 tasse	250 mL
Sucre granulé	1/4 tasse	60 mL
Cacao	3 c. à soupe	50 mL

GARNITURE

Crème glacée aux fraises, ramollie	1 pte	1 L

CROÛTE

Sucre granulé	1 tasse	225 mL
Eau	1/3 tasse	75 mL
Crème de tartre	1/4 c. à thé	1 mL
Vanille	1 c. à thé	5 mL
Blancs d'œufs	2	2

Croûte Graham au chocolat : Faire fondre le beurre dans une casserole. Y ajouter la chapelure, le sucre et le cacao. Remuer. Presser le mélange sur le fond et les parois d'un moule à tarte de 22 cm (9 po) non graissé. Congeler.

Garniture : Étaler la crème glacée ramollie dans la croûte. Égaliser le dessus et congeler.

Croûte : Chauffer le four à 500 °F (260 °C). Combiner le sucre, l'eau, la crème de tartre et la vanille dans une casserole. Porter à ébullition en remuant pour dissoudre le sucre.

Mettre les blancs d'œufs dans un grand bol. Y ajouter le mélange chaud très graduellement, en fouettant environ 4 minutes, jusqu'à obtenir des pics fermes. Étaler l'appareil sur la crème glacée, en le faisant bien adhérer à la croûte. On peut remettre la tarte au congélateur à ce stade. Cuire la tarte meringuée 3 à 4 minutes, jusqu'à ce qu'elle soit dorée. Servir sur-le-champ. Donne 1 tarte.

TARTE AUX FRUITS NORVÉGIENNE : Incorporer des fruits égouttés, comme de l'ananas broyé et des fraises ou framboises sucrées à la crème glacée avant d'étaler celle-ci dans la croûte. Congeler. Garnir de meringue, tel qu'indiqué ci-dessus. Donne 1 tarte.

TARTE AUX BLEUETS NORVÉGIENNE : Garnir un moule à tarte de 20 cm (8 po) de pellicule plastique. Y étaler une couche de crème glacée ramollie d'environ 2 à 2,5 cm (3/4 à 1 po) d'épaisseur. Congeler. Faire une meringue, voir page 44. Déballer la crème glacée et la déposer sur une tarte aux bleuets (ou autre) amenée à température ambiante. Étaler rapidement la meringue sur le dessus, en la faisant bien adhérer à la croûte. Cuire au four à 500 °F (260 °C), 3 à 4 minutes, jusqu'à ce que la tarte soit dorée. Servir. Une élégante façon de rehausser une tarte. Donne 1 tarte.

TARTE À LA LIME GIVRÉE

Un dessert frais pour couronner un barbecue.

CROÛTE GRAHAM AU CHOCOLAT

Beurre ou margarine	1/3 tasse	75 mL
Chapelure de biscuits Graham	1 1/4 tasse	275 mL
Sucre granulé	1/4 tasse	60 mL
Cacao	3 c. à soupe	50 mL

GARNITURE

Fromage à la crème, ramolli	8 oz	250 g
Sucre granulé	1/2 tasse	125 mL
Jaune d'œuf	1	1
Jus de lime	1/2 tasse	125 mL
Zeste de lime râpé (au goût)	1 c. à thé	5 mL
Blanc d'œuf, à la température de la pièce	1	1
Crème à fouetter (ou 1 sachet de garniture à dessert)	1 tasse	250 mL
Quelques gouttes de colorant alimentaire vert	2 à 4	2 à 4

Croûte Graham au chocolat : Faire fondre le beurre dans une casserole. Y incorporer la chapelure de biscuits Graham, le sucre et le cacao. Presser le mélange sur le fond et les parois d'un moule à tarte de 22 cm (9 po). Cuire au four, à 350 °F (180 °C), 10 minutes. Laisser refroidir.

Garniture : Fouetter le fromage à la crème et le sucre jusqu'à obtenir un mélange homogène. Y incorporer le jaune d'œuf au fouet, puis incorporer lentement le jus et le zeste de lime.

Monter le blanc d'œuf en neige ferme avec un fouet propre. L'incorporer, en pliant, à l'appareil.

Dans le même bol et avec les mêmes fouets, fouetter la crème pour qu'elle épaississe. L'incorporer, en pliant, à l'appareil. Ajouter quelques gouttes de colorant alimentaire pour teinter la garniture en vert. Congeler. Couper la tarte 15 minutes avant de servir. Donne 1 tarte.

TARTE AU CAFÉ GELÉE

Un dessert gelé qui plaît à tous. Napper la tarte de sauce au chocolat avant de servir.

CROÛTE DE CHAPELURE

Beurre ou margarine	¹/₂ tasse	125 mL
Chapelure de gaufrettes au chocolat	2 tasses	500 mL

GARNITURE GLACÉE

Crème glacée au café, ramollie	1 pte	1 L

GARNITURE

Brisures de chocolat mi-sucré	²/₃ tasse	150 mL
Sirop de maïs	2 c. à soupe	30 mL
Beurre ou margarine	1 c. à soupe	15 mL
Crème à fouetter	¹/₄ tasse	50 mL
Granules de café instantané	1 c. à thé	5 mL
Eau chaude	2 c. à thé	10 mL

DÉCORATION

Crème à fouetter (ou 1 sachet de garniture à dessert)	1 tasse	250 mL
Sucre granulé	2 c. à thé	10 mL
Vanille	¹/₂ c. à thé	2 mL
Carré de chocolat mi-sucré, en copeaux	1 × 1 oz	1 × 28 g
Amandes tranchées, grillées	2 c. à soupe	30 mL

Sauce au chocolat, voir page 81

Croûte de chapelure : Faire fondre le beurre dans une casserole. Presser le mélange sur le fond et les parois d'un moule à tarte de 22 cm (9 po). Cuire au four, à 350 °F (180 °C), 10 minutes. Laisser refroidir.

Garniture glacée : Travailler la crème glacée à la cuillère pour la ramollir un peu. L'étaler soigneusement dans la croûte. Laisser le tout au congélateur jusqu'à ce que la crème glacée durcisse.

Garniture : Mélanger les 4 premiers ingrédients dans une casserole, à feu modéré. Remuer souvent pour faire fondre le chocolat.

Dissoudre les granules de café dans l'eau chaude. Ajouter le liquide au contenu de la casserole. Remuer. Retirer du feu. Laisser refroidir. Étaler l'appareil sur la couche de crème glacée. Remettre le tout au congélateur.

Décoration : Avant de servir, fouetter la crème, le sucre et la vanille dans un petit bol jusqu'à ce que le mélange épaississe. Le dresser sur le pourtour de la tarte, à la cuillère.

(suite...)

Décorer la crème fouettée de copeaux de chocolat et d'amandes grillées.

Napper chaque pointe de sauce au chocolat. Donne 1 tarte.

Remarque : au lieu de crème glacée au café, on peut dissoudre 10 mL (2 c. à thé) de granules de café instantané dans 20 mL (4 c. à thé) d'eau chaude et incorporer ce mélange à de la crème glacée à la vanille ramollie.

TARTE AU CITRON GELÉE

Un véritable nuage citronné - quel délice!

CROÛTE VANILLÉE

Beurre ou margarine	1/3 tasse	75 mL
Chapelure de gaufrettes à la vanille	1¹/₄ tasse	275 mL
Sucre granulé	2 c. à soupe	30 mL

GARNITURE

Blancs d'œufs, à la température de la pièce	2	2
Sucre granulé	2/3 tasse	150 mL
Jus de citron	1/4 tasse	60 mL
Crème à fouetter (ou 1 sachet de garniture à dessert)	1 tasse	250 mL
Chapelure réservée	2 c. à soupe	30 mL

Croûte vanillée : Faire fondre le beurre dans une petite casserole, à feu moyen. En remuant, incorporer la chapelure de gaufrettes et le sucre. Réserver 60 mL (1/4 tasse) du mélange. Presser le reste sur le fond et les parois d'un moule à tarte de 22 cm (9 po). Cuire au four, à 350 °F (180 °C), 10 à 15 minutes, jusqu'à ce que la croûte soit dorée. Laisser refroidir.

Garniture : Dans un petit bol, monter les blancs d'œufs en neige jusqu'à obtenir des pics mous. Ajouter graduellement le sucre, en fouettant jusqu'à ce que le mélange épaississe. Incorporer le jus de citron.

Fouetter la crème dans un petit bol pour qu'elle épaississe. L'incorporer, en pliant, au mélange de blanc d'œuf. Verser l'appareil dans la croûte.

Répandre la chapelure réservée sur la tarte. Congeler, puis couvrir et conserver au congélateur. Sortir la tarte du congélateur 20 à 30 minutes avant de servir. À l'occasion, napper la tarte de sauce aux bleuets, voir page 77. Donne 1 tarte.

TARTE AU BEURRE D'ARACHIDES

Une garniture veloutée nichée dans une croûte de chapelure au chocolat. On goûte à peine le beurre d'arachides. Un régal glacé.

Fromage à la crème, ramolli	**8 oz**	**250 g**
Sucre à glacer	**1 tasse**	**250 mL**
Beurre d'arachides crémeux	**³/₄ tasse**	**175 mL**
Lait	**¹/₂ tasse**	**125 mL**
Vanille	**1 c. à thé**	**5 mL**
Crème à fouetter (ou 1 sachet de garniture à dessert)	**1 tasse**	**250 mL**
Croûte Graham au chocolat, voir page 85	**1**	**1**
Arachides, hachées fin	**1 c. à soupe**	**15 mL**

Fouetter le fromage à la crème, le sucre à glacer et le beurre d'arachides dans un bol jusqu'à obtenir un mélange homogène.

Incorporer graduellement le lait et la vanille, au fouet.

Fouetter la crème pour qu'elle épaississe. L'incorporer, en pliant, au mélange.

Verser l'appareil dans la croûte. Répandre les arachides sur la tarte. Réfrigérer. On peut servir la tarte simplement en l'ayant réfrigéré, mais elle manquera de fermeté. Il vaut mieux la congeler. On peut découper la tarte au sortir du congélateur. Donne 1 tarte.

Photo à la page 71.

1. Tartelettes à la confiture (d'abricots) page 146
2. Tartelettes à la confiture (de framboises)
   page 146
3. Tarte mousseline à l'orange page 39
4. Tarte aux fraises légère page 32
5. Tarte à la menthe chocolatée page 42

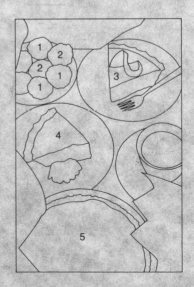

TARTE À LA CITROUILLE GIVRÉE

Un délice glacé dans une croûte parfumée au gingembre.

CROÛTE DE BISCUITS AU GINGEMBRE

Beurre ou margarine	1/3 tasse	75 mL
Chapelure de biscuits au gingembre	1 1/4 tasse	275 mL
Sucre granulé	2 c. à soupe	30 mL

GARNITURE

Citrouille nature, en conserve	1 tasse	250 mL
Cassonade	1/2 tasse	125 mL
Cannelle	1/2 c. à thé	2 mL
Gingembre	1/2 c. à thé	2 mL
Muscade	1/4 c. à thé	1 mL
Sel	1/4 c. à thé	1 mL
Crème à fouetter (ou 1 sachet de garniture à dessert)	1 tasse	250 mL
Crème glacée à la vanille, un peu ramollie	4 tasses	1 L

Croûte de biscuits au gingembre : Faire fondre le beurre dans une casserole. En remuant, y incorporer la chapelure de biscuits au gingembre et le sucre. Presser le mélange sur le fond et les parois d'un moule à tarte de 22 cm (9 po). Réfrigérer.

Garniture : Bien mélanger les 6 premiers ingrédients dans un grand bol.

Fouetter la crème pour qu'elle épaississe. Mettre de côté.

En remuant, incorporer la crème glacée au mélange de citrouille, puis ajouter la crème fouettée. Verser l'appareil dans la croûte. Congeler. Laisser reposer la tarte pendant 15 minutes avant de servir. Donne 1 tarte.

TARTE PIÑA COLADA

Veloutée, onctueuse et absolument délicieuse.

Croûte de sablés précuite de 22 cm (9 po), voir page 24	1	1
Fromage à la crème, ramolli	8 oz	250 g
Sucre granulé	½ tasse	125 mL
Essence de rhum	1 c. à thé	5 mL
Ananas broyé, égoutté	14 oz	398 mL
Sirop de maïs	¼ tasse	60 mL
Essence de noix de coco	1 c. à thé	5 mL
Crème à fouetter (ou 1 sachet de garniture à dessert)	1 tasse	250 mL
Crème fouettée, voir page 30, couper la recette de moitié		
Cerises au marasquin	6	6

Préparer la croûte. La laisser refroidir.

Fouetter le fromage à la crème, le sucre et l'essence de rhum jusqu'à obtenir un mélange homogène.

À la cuillère, incorporer l'ananas, le sirop de maïs et l'essence de noix de coco.

Fouetter la crème pour qu'elle épaississe. L'incorporer, en pliant, à l'appareil de fromage. Verser celui-ci dans la croûte. Congeler.

Au moment de servir, garnir chaque pointe d'une rosette de crème fouettée et d'une cerise. Donne 1 tarte.

Photo à la page 35.

TARTE À LA LIMONADE GELÉE

Une jolie tarte gelée rose au goût rafraîchissant. Rappelle un sorbet.

Concentré de limonade rose (ou jaune) surgelé, dégelé	6¼ oz	178 mL
Crème glacée à la vanille	4 tasses	1 L
Quelques gouttes de colorant alimentaire rouge	2 à 4	2 à 4
Croûte de chapelure de biscuits Graham précuite, voir page 73, réserver 30 mL (2 c. à soupe) de chapelure pour garnir	1	1

(suite...)

Bien mélanger la limonade et la crème glacée. Ajouter le colorant alimentaire pour obtenir une jolie teinte de rose si la limonade employée est rose. S'il s'agit de limonade jaune, substituer du colorant alimentaire de cette couleur.

Verser l'appareil dans la croûte. Répandre la chapelure réservée sur le dessus. Congeler. Donne 1 tarte.

TARTE AUX POMMES À L'HOLLANDAISE

Tarte aux pommes couronnée d'une garniture façon Streusel. On peut omettre le glaçage.

Pommes à cuire pelées, épépinées, coupées en morceaux	2 lb	900 g
Sucre granulé	$^2/_3$ tasse	150 mL
Cassonade, tassée	$^1/_3$ tasse	75 mL
Farine tout usage	2 c. à soupe	30 mL
Cannelle	$^1/_2$ c. à thé	2 mL
Fond de tarte de 22 cm (9 po), voir page 140	1	1
GARNITURE		
Farine tout usage	$^2/_3$ tasse	150 mL
Cassonade, tassée	6 c. à soupe	100 mL
Beurre ou margarine	$^1/_4$ tasse	60 mL
Cannelle	$^1/_4$ c. à thé	1 mL
Sel	$^1/_4$ c. à thé	1 mL
GLAÇAGE DE SUCRE (au goût)		
Sucre à glacer	$^1/_2$ tasse	125 mL
Jus de citron	1 à 2 c. à soupe	15 à 30 mL

Couper les pommes en quartiers. Couper chaque quartier en deux sur la longueur, puis recouper chaque morceau en deux. Mettre les pommes dans un grand bol. Il en faut 1,12 L (5 tasses).

Ajouter les 4 ingrédients suivants et mélanger le tout.

Verser les fruits dans la croûte.

Garniture : Mélanger la farine, le sucre, le beurre, la cannelle et le sel jusqu'à obtenir un mélange grossier. Le répandre sur la tarte. Cuire sur la plus basse grille du four, à 400 °F (200 °C), 10 minutes. Baisser le four à 325 °F (160 °C) et cuire environ 50 minutes de plus, jusqu'à ce que les pommes soient tendres. Laisser refroidir.

Glaçage : On peut omettre le glaçage. Mélanger le sucre à glacer et le jus de citron jusqu'à obtenir un glaçage à peine coulant. Arroser la tarte d'un mince filet au moment de servir. Donne 1 tarte.

Photo à la page 53.

TARTE AUX BLEUETS

La servir chaude, avec de la crème glacée, ou froide, avec de la crème fouettée ou du fromage. Une garniture aux fruits qui plaît beaucoup.

Pâte brisée pour une tarte à 2 croûtes,
  voir page 140

Sucre granulé	1 tasse	250 mL
Farine tout usage	$1/4$ tasse	60 mL
Bleuets	4 tasses	900 mL
Jus de citron	1 c. à soupe	15 mL
Sucre granulé	$1/4$ à $1/2$ c. à thé	1 à 2 mL

Abaisser la pâte et en garnir un moule à tarte de 22 cm (9 po). Abaisser le reste de pâte pour former la croûte de dessus.

Dans un grand bol, bien mélanger la première mesure de sucre, la farine et les bleuets. Laisser reposer 10 minutes. Verser les fruits dans la croûte.

Arroser d'un filet de jus de citron. Humecter le bord. Centrer la croûte de dessus sur la tarte. Couper la pâte à ras le moule et pincer le bord pour sceller la tarte. Pratiquer quelques incisions dans le dessus de la tarte.

Saupoudrer de la seconde mesure de sucre. Cuire sur la plus basse grille du four, à 350 °F (180 °C), environ 45 minutes, jusqu'à ce que la tarte soit dorée. Donne 1 tarte.

TARTE AUX AMÉLANCHES : Substituer des amélanches aux bleuets.

TARTE À LA CRÈME SURE ET AUX RAISINS

Cette tarte a un petit goût suret, mais il est difficile de deviner qu'il vient de la crème sure.

Sucre granulé	$3/4$ tasse	175 mL
Farine tout usage	2 c. à soupe	30 mL
Sel	$1/4$ c. à thé	1 mL
Œufs	2	2
Crème sure	$1 1/2$ tasse	375 mL
Raisins secs	1 tasse	250 mL
Jus de citron	2 c. à soupe	30 mL
Abaisse précuite de 22 cm (9 po), voir page 140	1	1

CRÈME FOUETTÉE

Crème à fouetter (ou 1 sachet de garniture à dessert)	1 tasse	250 mL
Sucre granulé	2 c. à thé	10 mL
Vanille	$1/2$ c. à thé	2 mL

(suite...)

Mélanger le sucre, la farine et le sel dans un poêlon ou un bain-marie.

Y incorporer les œufs, puis ajouter la crème sure, les raisins secs et le jus de citron. Chauffer jusqu'à ébullition et épaississement.

Verser l'appareil dans la croûte. Laisser refroidir.

Crème fouettée : Fouetter la crème, le sucre et la vanille jusqu'à ce que le mélange épaississe. L'étaler sur la tarte. Réfrigérer. Donne 1 tarte.

TARTE AUX RAISINS CONCORD

La peau des raisins est particulièrement savoureuse dans cette tarte.

Pâte brisée pour une tarte à 2 croûtes, voir page 140		
Raisins Concord, environ 900 g (2 lb)	**5 tasses**	**1,12 L**
Sucre granulé	**1 tasse**	**225 mL**
Farine tout usage	**$^1/_3$ tasse**	**75 mL**
Peaux des raisins		
Chair des raisins, épépinée		
Sel	**$^1/_4$ c. à thé**	**1 mL**
Jus de citron	**2 c. à thé**	**10 mL**
Sucre granulé	**$^1/_4$ à $^1/_2$ c. à thé**	**1 à 2 mL**

Abaisser la pâte et en garnir un moule à tarte de 22 cm (9 po). Abaisser le reste de pâte pour former la croûte de dessus. La couvrir d'une pellicule plastique pour qu'elle reste humide.

Ôter la peau des raisins. Déposer les peaux dans un petit bol et la chair dans une casserole moyenne. Porter la chair à ébullition. Couvrir et cuire la chair à feu doux une dizaine de minutes pour l'attendrir. La passer au robot culinaire ou à l'étamine pour ôter les pépins.

Mélanger la première mesure de sucre et la farine dans un bol moyen. Ajouter les peaux des raisins, la chair, le sel et le jus de citron. Bien mélanger. Verser l'appareil dans la croûte. Humecter le bord. Centrer la croûte de dessus sur la tarte. Couper la pâte à ras le moule et pincer le bord pour sceller la tarte. Pratiquer quelques incisions dans le dessus de la tarte.

Saupoudrer le reste de sucre sur la tarte. Cuire sur la plus basse grille du four, à 350 °F (180 °C), quelque 50 minutes, jusqu'à ce que la tarte soit à point et dorée. Donne 1 tarte.

TARTE AUX GROSEILLES

Une tarte pas ordinaire, faite avec un fruit peu courant. À essayer.

Groseilles	**3¹/₂ tasses**	**800 mL**
Sucre granulé	**1¹/₂ tasse**	**350 mL**
Tapioca à cuisson rapide	**3 c. à soupe**	**45 mL**
Pâte brisée pour une tarte à 2 croûtes, voir page 140		
Sucre granulé	**¹/₄ à ¹/₂ c. à thé**	**1 à 2 mL**

Mélanger les groseilles, la première mesure de sucre et le tapioca dans un grand bol. Remuer. Laisser reposer 15 minutes.

Abaisser la pâte et en garnir un moule à tarte de 22 cm (9 po). Verser les groseilles dans la croûte. Abaisser le reste de pâte pour former la croûte de dessus. Humecter le bord. Centrer la croûte de dessus sur la tarte. Couper la pâte à ras le moule et pincer le bord pour sceller la tarte. Pratiquer quelques incisions dans le dessus de la tarte.

Saupoudrer le reste de sucre sur la tarte. Cuire sur la plus basse grille du four, à 350 °F (180 °C), quelque 45 minutes, jusqu'à ce que la tarte soit à point et que les fruits soient cuits. Donne 1 tarte.

TARTE AUX POMMES ÉPAISSE

On peut faire une tarte épaisse avec n'importe quel fruit. Il suffit d'augmenter la quantité de fruits et de sucre. Mettre la croûte de dessus en place avant la cuisson.

Pâte brisée pour couvrir le plat, voir page 140		
Pommes à cuire, pelées, épépinées, coupées en morceaux	**3 lb**	**1,36 kg**
Sucre granulé	**1¹/₄ tasse**	**275 mL**
Cannelle	**¹/₂ c. à thé**	**2 mL**
Jus de citron (au goût)	**1 c. à soupe**	**15 mL**
Vanille (au goût)	**1 c. à thé**	**5 mL**
Sucre granulé	**¹/₄ à ¹/₂ c. à thé**	**1 à 2 mL**
Cannelle	**¹/₂ c. à thé**	**2 mL**

Abaisser la pâte jusqu'à 3 mm (¹/₈ po) d'épaisseur. La tailler en un cercle dont le diamètre dépasse d'environ 2,5 cm (1 po) celui du plat.

Mettre les pommes dans un plat d'une contenance de 4 L (3 pte). Répandre la première mesure de sucre sur les pommes. Saupoudrer de cannelle. Pour que le jus soit plus épais, mélanger 30 mL (2 c. à soupe) de farine tout usage au sucre avant de le répandre sur les pommes.

(suite...)

Mélanger le jus de citron et la vanille dans une petite tasse. Répandre le liquide en un mince filet sur les pommes. Couvrir le tout de la croûte, de sorte qu'elle remonte un peu sur les côtés et se replie légèrement sur le dessus. Entailler le dessus de la tarte pour que la vapeur puisse s'en échapper.

Saupoudrer le reste de sucre sur la tarte. Cuire au four, à 350 °F (180 °C), 45 à 55 minutes, jusqu'à ce que la tarte soit dorée et que les pommes soient cuites. Pour 8 personnes.

TARTE AUX PÊCHES EN FÊTE

Une tarte qui réserve des surprises. Il suffit de quelques framboises ou mûres pour lui donner du panache.

Pâte brisée pour une tarte à 2 croûtes,
   voir page 140

Sucre granulé	$^3/_4$ **tasse**	**175 mL**
Farine tout usage	$^1/_2$ **tasse**	**125 mL**
Pêches, pelées et tranchées	**3 tasses**	**700 mL**
Mûres, fraîches ou congelées **individuellement**	**1 tasse**	**250 mL**
Sucre granulé	$^1/_4$ **à** $^1/_2$ **c. à thé**	**1 à 2 mL**

Abaisser la pâte et en garnir un moule à tarte de 22 cm (9 po). Abaisser le reste de pâte pour former la croûte de dessus.

Dans un grand bol, bien mélanger la première mesure de sucre et la farine.

Ébouillanter les pêches pendant une minute, puis les passer sous l'eau froide. Les peler et les trancher. Ajouter les pêches et les mûres au mélange de sucre. Bien mélanger, puis verser les fruits dans la croûte. Humecter le bord. Centrer la croûte de dessus sur la tarte. Couper la pâte à ras le moule et pincer le bord pour sceller la tarte. Pratiquer quelques incisions dans le dessus de la tarte.

Saupoudrer le reste de sucre sur la tarte. Cuire sur la plus basse grille du four, à 350 °F (180 °C), quelque 45 minutes, jusqu'à ce que la tarte soit dorée et que les pêches soient cuites. Donne 1 tarte.

Remarque : on peut substituer des framboises aux mûres.

TARTE AUX PÊCHES

Cette tarte, et sa variante, sont toutes deux excellentes. Il faut les essayer toutes les deux.

Sucre granulé	1 tasse	250 mL
Farine tout usage	1/3 tasse	75 mL
Pêches, pelées et tranchées	5 tasses	1,13 L
Pâte brisée pour une tarte à 2 croûtes, voir page 140		
Sucre granulé	1/4 à 1/2 c. à thé	1 à 2 mL

Dans un grand bol, mélanger le sucre et la farine.

Ébouillanter les pêches pendant une minute, puis les passer sous l'eau froide. Les peler et les trancher, puis les ajouter au mélange de sucre. Bien remuer.

Abaisser la pâte et en garnir un moule à tarte de 22 cm (9 po). Verser les pêches dans la croûte. Humecter le bord. Centrer la croûte de dessus sur la tarte. Couper la pâte à ras le moule et pincer le bord pour sceller la tarte. Pratiquer quelques incisions dans le dessus de la tarte.

Saupoudrer le reste de sucre sur la tarte. Cuire sur la plus basse grille du four, à 425 °F (220 °C), 10 minutes. Baisser le four à 350 °F (180 °C) et cuire la tarte environ 40 minutes, jusqu'à ce qu'elle soit dorée et que les pêches soient cuites. Donne 1 tarte.

Variante : Mettre moitié sucre granulé, moitié cassonade. Ajouter 2 mL (1/2 c. à thé) de cannelle. Un délice!

TARTE AUX RAISINS SECS

Un classique dans toutes les familles. Un régal nappé de sauce.

Raisins secs	2 tasses	500 mL
Eau	1 tasse	250 mL
Cassonade, tassée	1 tasse	250 mL
Farine tout usage	1/4 tasse	60 mL
Sel	1/4 c. à thé	1 mL
Jus de citron	2 c. à soupe	30 mL
Zeste de citron râpé (au goût)	1 c. à thé	5 mL
Pâte brisée pour une tarte à 2 croûtes, voir page 140		
Sucre granulé	1/4 à 1/2 c. à thé	1 à 2 mL

(suite...)

Mélanger les raisins secs et l'eau dans une casserole. Porter à ébullition. Couvrir et laisser frémir 5 minutes.

Dans un petit bol, mélanger la cassonade, la farine et le sel. À la cuillère, incorporer ce mélange aux raisins secs et porter à nouvelle ébullition et épaississement. Retirer du feu.

Ajouter le jus et le zeste de citron. Laisser refroidir pendant environ une demi-heure.

Abaisser la pâte et en garnir un moule à tarte de 22 cm (9 po). Verser le mélange de raisins secs dans la croûte. Humecter le bord. Abaisser le reste de la pâte pour former la croûte de dessus et en couvrir la tarte. Couper la pâte à ras le moule et pincer le bord pour sceller la tarte. Pratiquer quelques incisions dans le dessus de la tarte.

Saupoudrer le reste de sucre sur la tarte. Cuire sur la plus basse grille du four, à 400 °F (200 °C), quelque 30 minutes, jusqu'à ce que la tarte soit dorée. Donne 1 tarte.

TARTE À L'ANANAS EN CROÛTE

Une tarte à deux croûtes garnie d'ananas en conserve.

Ananas broyé, dans son jus	**19 oz**	**540 mL**
Sucre granulé	**³/₄ tasse**	**175 mL**
Jus de citron	**1 c. à soupe**	**15 mL**
Fécule de maïs	**3 c. à soupe**	**50 mL**
Pâte brisée pour une tarte à 2 croûtes, voir page 140		
Sucre granulé	**¹/₄ à ¹/₂ c. à thé**	**1 à 2 mL**
Crème fouettée, voir page 30		

Mettre les 4 premiers ingrédients dans une casserole. Bien mélanger le tout pour incorporer la fécule de maïs. Porter à ébullition et laisser bouillir une minute, jusqu'à épaississement. Laisser tiédir.

Abaisser la pâte et en garnir un moule à tarte de 22 cm (9 po). Abaisser le reste de pâte pour former la croûte de dessus. Verser la garniture dans la croûte. Humecter le bord. Centrer la croûte de dessus sur la tarte. Couper la pâte à ras le moule et pincer le bord pour sceller la tarte. Pratiquer quelques incisions dans le dessus de la tarte.

Saupoudrer le reste de sucre sur la tarte. Cuire sur la plus basse grille du four, à 400 °F (200 °C), 30 à 35 minutes, jusqu'à ce que la tarte soit dorée. Laisser refroidir.

Servir garnie de crème fouettée. Donne 1 tarte.

TARTE CORAIL

Une jolie tarte rose et jaune, très savoureuse.

Ananas broyé, dans son jus	19 oz	540 mL
Sucre granulé	1/4 tasse	50 mL
Fécule de maïs	2 c. à soupe	30 mL
Eau	1/4 tasse	50 mL
Jaunes d'œufs, battus	2	2
Beurre ou margarine, ramolli	1 c. à soupe	15 mL
Abaisse précuite de 22 cm (9 po), voir page 140	1	1
GARNITURE À LA NOIX DE COCO		
Blancs d'œufs, à la température de la pièce	2	2
Crème de tartre	1/4 c. à thé	1 mL
Sel, quelques grains		
Sucre granulé	1/2 tasse	125 mL
Quelques gouttes de colorant alimentaire rouge	4 ou 5	4 ou 5
Noix de coco en brins	1/2 tasse	125 mL

Porter l'ananas et son jus et le sucre à ébullition dans une casserole.

Incorporer la fécule de maïs à l'eau. Ajouter à l'ananas, en remuant jusqu'à épaississement.

Mélanger les jaunes d'œufs et le beurre dans un petit bol. Incorporer environ 125 mL (1/2 tasse) du mélange chaud dans les jaunes d'œufs, puis retourner le tout à la casserole. Porter à ébullition en remuant.

Verser l'appareil dans la croûte.

Garniture à la noix de coco : Dans un petit bol, fouetter les blancs d'œufs, la crème de tartre et le sel pour les faire mousser. Ajouter le sucre graduellement, en fouettant jusqu'à ce qu'il soit dissous et que le mélange monte en neige ferme.

Incorporer le colorant alimentaire et la noix de coco en pliant. Étaler la garniture sur la tarte en la faisant bien adhérer à la croûte. Cuire au four, à 325 °F (160 °C), environ 30 minutes, jusqu'à ce que la tarte soit dorée. Donne 1 tarte.

Photo à la page 35.

TARTE AUX DATTES À LA CRÈME SURE

Il est rare de trouver une tarte aux dattes, et pourtant elle est délicieuse.

Crème sure	1¹/₂ tasse	350 mL
Sucre granulé	³/₄ tasse	175 mL
Fécule de maïs	3 c. à soupe	50 mL
Jaunes d'œufs	3	3
Cannelle	1 c. à thé	5 mL
Dattes, hachées	1 tasse	250 mL
Noix de Grenoble, hachées	¹/₂ tasse	125 mL
Vanille	¹/₂ c. à thé	2 mL
Abaisse précuite de 22 cm (9 po), voir page 140	1	1
MERINGUE		
Blancs d'œufs, à la température de la pièce	3	3
Crème de tartre	¹/₄ c. à thé	1 mL
Sucre granulé	6 c. à soupe	100 mL

Mettre les 5 premiers ingrédients dans un poêlon. Cuire le tout en remuant continuellement, jusqu'à épaississement.

Ajouter les dattes. Retirer du feu. Laisser reposer 15 minutes pour que les dattes ramollissent.

Ajouter les noix et la vanille. Remuer.

Verser l'appareil dans la croûte.

Meringue : Fouetter les blancs d'œufs et la crème de tartre dans un bol pour les faire mousser. Ajouter le sucre graduellement, en battant jusqu'à ce qu'il soit dissous et que le mélange monte en neige ferme. Étaler la meringue sur la tarte en la faisant bien adhérer à la croûte. Cuire au four, à 350 °F (180 °C), environ 10 minutes, jusqu'à ce que la meringue soit dorée. Donne 1 tarte.

Photo à la page 143.

TARTE AUX POIRES EN CONSERVE

Pratiquement impossible à distinguer d'une tarte aux poires fraîches.

Sucre granulé	1 tasse	225 mL
Farine tout usage	2 c. à soupe	30 mL
Jus de citron	1/4 tasse	50 mL
Jus réservé des poires	1/3 tasse	75 mL
Œuf, battu	1	1
Pâte brisée pour une tarte à 2 croûtes, voir page 140		
Poires, en conserve, égouttées et coupées en cubes	2 × 14 oz	2 × 398 mL
Sucre granulé	1/4 à 1/2 c. à thé	1 à 2 mL

Mettre la première mesure de sucre et la farine dans une casserole. Bien mélanger. Incorporer le jus de citron, le jus des poires et l'œuf. Chauffer en remuant jusqu'à ébullition et épaississement. Retirer du feu. Pour refroidir, déposer la casserole dans de l'eau froide et l'y laisser 5 minutes.

Abaisser la pâte. En garnir un moule à tarte de 22 cm (9 po). Abaisser le reste de pâte pour former la croûte de dessus.

Disposer les poires dans la croûte. Verser l'appareil épaissi sur les poires. Humecter le bord. Centrer la croûte de dessus sur la tarte. Couper la pâte à ras le moule et pincer le bord pour sceller la tarte. Pratiquer quelques incisions dans le dessus de la tarte.

Saupoudrer le reste de sucre sur la tarte. Cuire sur la plus basse grille du four, à 400 °F (200 °C), environ 35 minutes, jusqu'à ce que la tarte soit dorée. Donne 1 tarte.

TARTE AUX POMMES ET AUX RAISINS

Un délicieux mélange de deux ingrédients que l'on retrouve souvent dans les tartes.

Pâte brisée pour une tarte à 2 croûtes, voir page 140		
Sucre granulé	1 tasse	250 mL
Farine tout usage	3 c. à soupe	50 mL
Cannelle	1/2 c. à thé	2 mL
Pommes à cuire, pelées, épépinées, coupées en morceaux	5 tasses	1,12 L
Raisins secs, foncés	1/2 tasse	125 mL
Crème à fouetter	1/2 tasse	125 mL
Sucre granulé	1/4 à 1/2 c. à thé	1 à 2 mL

(suite...)

Abaisser la pâte. En garnir un moule à tarte de 22 cm (9 po). Abaisser le reste de pâte pour former la croûte de dessus.

Dans un grand bol, mélanger la première mesure de sucre, la farine et la cannelle. Remuer.

Ajouter les pommes et les raisins secs. Mélanger le tout. Verser les fruits dans la croûte.

Répandre la crème sur les fruits. Humecter le bord. Centrer la croûte de dessus sur la tarte. Couper la pâte à ras le moule et pincer le bord pour sceller la tarte. Pratiquer quelques incisions dans le dessus de la tarte.

Saupoudrer le reste de sucre sur la tarte. Cuire sur la plus basse grille du four, à 350 °F (180 °C), 45 à 55 minutes, jusqu'à ce que la tarte soit dorée et que les pommes soient cuites. Donne 1 tarte.

TARTE AUX PRUNES ET À LA CRÈME

Une délicieuse variante crémeuse qu'il faut essayer.

Crème à fouetter	**1 tasse**	**250 mL**
Fécule de maïs	**$^1/_4$ tasse**	**60 mL**
Eau	**$^1/_4$ tasse**	**60 mL**
Jaunes d'œufs, battus	**2**	**2**
Sucre granulé	**$^2/_3$ tasse**	**150 mL**
Prunes à pruneaux bleu-mauve, coupées et dénoyautées	**2 tasses**	**500 mL**
Pâte brisée pour une tarte à 2 croûtes, voir page 140		
Sucre granulé	**$^1/_4$ à $^1/_2$ c. à thé**	**1 à 2 mL**

Porter la crème à ébullition dans un poêlon.

Mélanger la fécule de maïs et l'eau. Incorporer ce mélange à la crème bouillante, en remuant jusqu'à nouvelle ébullition.

Mélanger les jaunes d'œufs et la première mesure de sucre. Incorporer le mélange à la crème épaissie en remuant vivement.

Ajouter les prunes. Remuer. Retirer du feu. Laisser tiédir.

Abaisser la pâte. En garnir un moule à tarte de 22 cm (9 po). Abaisser le reste de pâte pour former la croûte de dessus. Verser l'appareil dans la croûte. Humecter le bord. Centrer la croûte de dessus sur la tarte. Couper la pâte à ras le moule et pincer le bord pour sceller la tarte. Pratiquer quelques incisions dans le dessus de la tarte.

Saupoudrer le reste de sucre sur la tarte. Cuire sur la plus basse grille du four, à 350 °F (180 °C), environ 60 minutes, jusqu'à ce que les prunes soient cuites. Donne 1 tarte.

TARTE AUX CERISES AIGRES

Une tarte qui a fière allure. Les petites cerises rondes sont alléchantes.

Cerises rouges aigres, dénoyautées, en conserve	2 × 14 oz	2 × 398 mL
Sucre granulé	1 tasse	250 mL
Farine tout usage	2 c. à soupe	30 mL
Jus des cerises réservé	³/₄ tasse	175 mL
Jus de citron	2 c. à thé	10 mL
Essence d'amande	¹/₈ c. à thé	0,5 mL
Cannelle	¹/₈ c. à thé	0,5 mL
Quelques gouttes de colorant alimentaire rouge	3 ou 4	3 ou 4
Pâte brisée pour une tarte à 2 croûtes, voir page 140		
Sucre granulé	¹/₄ à ¹/₂ c. à thé	1 à 2 mL

Égoutter les cerises. Prélever et réserver 175 mL (³/₄ tasse) de jus.

Bien mélanger la première mesure de sucre et la farine dans une casserole. Ajouter les 5 ingrédients suivants. Porter à ébullition et épaississement en remuant. Retirer du feu. Incorporer les cerises. Laisser refroidir le mélange.

Abaisser la pâte. En garnir un moule à tarte de 22 cm (9 po). Abaisser le reste de pâte pour former la croûte de dessus. Verser la garniture refroidie dans la croûte. Humecter le bord. Centrer la croûte de dessus sur la tarte. Couper la pâte à ras le moule et pincer le bord pour sceller la tarte. Pratiquer quelques incisions dans le dessus de la tarte.

Saupoudrer le sucre sur la tarte. La cuire dans le bas du four, à 400 °F (200 °C) environ 30 minutes, jusqu'à ce qu'elle soit dorée. Donne 1 tarte.

TARTE AUX PRUNES

Une tarte juteuse et savoureuse.

Pâte brisée pour une tarte à 2 croûtes, voir page 140		
Prunes à pruneaux bleu-mauve, tranchées et dénoyautées, environ 680 g (1¹/₂ lb)	4 tasses	1 L
Tapioca à cuisson rapide	3 c. à soupe	50 mL
Sucre granulé	1 tasse	250 mL
Cannelle	¹/₄ c. à thé	1 mL
Jus de citron	2 c. à thé	10 mL
Sucre granulé	¹/₄ à ¹/₂ c. à thé	1 à 2 mL

(suite...)

Abaisser la pâte. En garnir un moule à tarte de 22 cm (9 po). Abaisser le reste de pâte pour former la croûte de dessus.

Dans un grand bol, mélanger les prunes et le tapioca. Bien mêler les ingrédients. Laisser reposer 15 minutes.

Ajouter la première mesure de sucre et la cannelle. Remuer. Verser les fruits dans la croûte.

Arroser de jus de citron. Humecter le bord. Centrer la croûte de dessus sur la tarte. Couper la pâte à ras le moule et pincer le bord pour sceller la tarte. Pratiquer quelques incisions dans le dessus de la tarte.

Saupoudrer le reste de sucre sur la tarte. Cuire sur la plus basse grille du four, à 350 °F (180 °C), environ 60 minutes, jusqu'à ce que les prunes soient cuites. Donne 1 tarte.

TARTE AUX POMMES À LA CRÈME SURE

Une tarte riche, à une épaisseur, couronnée de croustillant. Un régal.

Crème sure	1 tasse	250 mL
Œuf, battu à la fourchette	1	1
Sucre granulé	3/4 tasse	175 mL
Farine tout usage	1/4 tasse	60 mL
Vanille	1 c. à thé	5 mL
Sel	1/4 c. à thé	1 mL
Pommes à cuire, pelées, épépinées et tranchées	4 tasses	1 L
Fond de tarte de 22 cm (9 po), voir page 140	1	1
GARNITURE FAÇON STREUSEL		
Farine tout usage	2/3 tasse	150 mL
Cassonade ou sucre blanc	1/2 tasse	125 mL
Beurre ou margarine	1/3 tasse	75 mL
Cannelle	1/2 c. à thé	2 mL
Noix de Grenoble (au goût)	1/2 tasse	125 mL

Mélanger les 6 premiers ingrédients dans un bol.

Ajouter les pommes et mélanger le tout.

Verser l'appareil dans la croûte.

Garniture : Mélanger la farine, le sucre, le beurre et la cannelle jusqu'à obtenir un mélange grossier. Ajouter les noix. Remuer le tout et répandre le mélange sur la tarte. Cuire sur la plus basse grille du four, à 375 °F (190 °C), environ 50 minutes, jusqu'à ce que la tarte soit dorée et que les pommes soient cuites. Suffisamment riche pour être divisée en 8 pointes. Donne 1 tarte.

TARTE À L'ANANAS ET À LA RHUBARBE

Un délicieux mélange. Un soupçon de rhubarbe.

Sucre granulé	**1¹/₄ tasse**	**275 mL**
Farine tout usage	**¹/₄ tasse**	**50 mL**
Rhubarbe, tranchée fin	**3 tasses**	**700 mL**
Ananas broyé, égoutté	**14 oz**	**398 mL**
Pâte brisée pour une tarte à 2 croûtes, voir page 140		
Sucre granulé	**¹/₄ à ¹/₂ c. à thé**	**1 à 2 mL**

Dans un grand bol, mélanger la première mesure de sucre et la farine.

Ajouter la rhubarbe et l'ananas. Remuer.

Abaisser la pâte. En garnir un moule à tarte de 22 cm (9 po). Abaisser le reste de pâte pour former la croûte de dessus. Verser les fruits dans la croûte. Humecter le bord. Centrer la croûte de dessus sur la tarte. Couper la pâte à ras le moule et pincer le bord pour sceller la tarte. Pratiquer quelques incisions dans le dessus de la tarte.

Saupoudrer de sucre. Cuire sur la plus basse grille du four, à 350 °F (180 °C), 50 à 60 minutes, jusqu'à ce que la tarte soit dorée et que la rhubarbe soit cuite. Donne 1 tarte.

TARTE À LA CRÈME À LA RHUBARBE

La garniture rappelle une crème anglaise, mais ne contient pas d'œufs.

Rhubarbe, tranchée fin	4 tasses	1 L
Fond de tarte de 22 cm (9 po), voir page 140	1	1
Sucre granulé	1¼ tasse	300 mL
Farine tout usage	½ tasse	125 mL
Sel	¼ c. à thé	1 mL
Crème à fouetter	¾ tasse	175 mL

Disposer la rhubarbe dans la croûte.

Dans un petit bol, bien mélanger le sucre et la farine. Ajouter le sel et la crème. Remuer. Verser l'appareil sur la rhubarbe. Cuire sur la plus basse grille du four, à 350 °F (180 °C), quelque 55 minutes, jusqu'à ce que la tarte soit dorée et que la rhubarbe soit cuite. Donne 1 tarte.

TARTE AUX POMMES ET CANNEBERGES

Une tarte colorée et consistante. Un agréable mélange de fruits.

Pâte brisée pour une tarte à 2 croûtes, voir page 140

Canneberges, fraîches ou surgelées	2 tasses	450 mL
Sucre granulé	1¾ tasse	400 mL
Tapioca à cuisson rapide	⅓ tasse	75 mL
Eau	¼ tasse	60 mL
Zeste d'orange râpé (au goût)	2 c. à thé	10 mL
Pommes à cuire (McIntosh par exemple), pelées, épépinées et tranchées	3 tasses	700 mL
Sucre granulé	¼ à ½ c. à thé	1 à 2 mL

Abaisser la pâte et en garnir un moule à tarte de 22 cm (9 po). Abaisser le reste de pâte pour former la croûte de dessus. L'utiliser telle quelle ou la couper en bandes de 2,5 cm (1 po) de large pour former un treillis.

Mélanger les 5 ingrédients suivants dans une casserole. Chauffer le mélange et porter à ébullition en remuant. Retirer du feu.

En remuant, y incorporer les pommes. Laisser la casserole 10 minutes dans l'évier rempli d'eau froide. Remuer de temps en temps. Verser l'appareil dans la croûte. Humecter le bord. Centrer la croûte de dessus ou les bandes de pâte sur la tarte. Couper la pâte à ras le moule et pincer le bord pour sceller la tarte. Pratiquer quelques incisions dans la croûte de dessus.

Saupoudrer de sucre. Cuire dans le bas du four, à 350 °F (180 °C), quelque 55 minutes, jusqu'à ce que les fruits soient cuits. Donne 1 tarte.

Photo sur la couverture.

TARTE À LA RHUBARBE ET CRÈME SURE

Une délicieuse surprise.

Rhubarbe, en morceaux de 2,5 cm (1 po) de long	4 tasses	900 mL
Fond de tarte de 22 cm (9 po), voir page 140	1	1
Sucre granulé	1¹/₂ tasse	350 mL
Farine tout usage	¹/₃ tasse	75 mL
Crème sure	1 tasse	250 mL
GARNITURE		
Farine tout usage	¹/₂ tasse	125 mL
Cassonade, tassée	¹/₂ tasse	125 mL
Beurre ou margarine, ramolli	¹/₄ tasse	60 mL

Disposer la rhubarbe dans la croûte.

Dans un petit bol, mélanger le sucre et la farine. Incorporer la crème sure. Verser l'appareil sur la rhubarbe.

Garniture : Mélanger les 3 ingrédients ensemble jusqu'à obtenir un mélange grossier. Le répandre sur la tarte. Cuire sur la plus basse grille du four, à 425 °F (220 °C), 10 minutes. Baisser le four à 350 °C (180 °F) et cuire de 40 à 50 minutes, jusqu'à ce que la rhubarbe soit cuite et que la garniture soit dorée. Donne 1 tarte.

TARTE À LA RHUBARBE LÉGÈRE

Un délice léger comme un nuage!

Eau	¹/₃ tasse	75 mL
Sucre granulé	1¹/₄ tasse	275 mL
Rhubarbe, tranchée fin	3¹/₂ tasses	800 mL
Sel	¹/₄ c. à thé	1 mL
Gélatine non parfumée	1 x ¹/₄ oz	1 x 7 g
Eau froide	¹/₄ tasse	60 mL
Quelques gouttes de colorant alimentaire rouge, au besoin		
Crème à fouetter (ou 1 sachet de garniture à dessert)	1 tasse	250 mL
Abaisse précuite de 22 cm (9 po), voir page 140	1	1

(suite...)

Mélanger les 4 premiers ingrédients dans une casserole. Porter à ébullition. Laisser mijoter jusqu'à ce que la rhubarbe soit cuite.

Saupoudrer la gélatine sur l'eau froide, dans un petit récipient. Laisser reposer 1 minute. Ajouter au mélange chaud et remuer pour dissoudre la gélatine.

Ajouter le colorant alimentaire pour teinter l'appareil en rose. Réfrigérer jusqu'à ce que le mélange prenne une consistance sirupeuse. Remuer à l'occasion pendant que le mélange épaissit.

Dans un petit bol, fouetter la crème pour qu'elle épaississe. L'incorporer, en pliant, à l'appareil réfrigéré.

Verser le tout dans la croûte. Réfrigérer. Donne 1 tarte.

▬ TARTE À LA RHUBARBE À L'ANGLAISE ▬

Une tarte toute en fraîcheur! Un dessert qui se transporte facilement.

Pâte brisée pour une tarte à 2 croûtes,
voir page 140

Jaunes d'œufs	2	2
Sucre granulé	1 tasse	250 mL
Farine tout usage	2 c. à soupe	30 mL
Beurre ou margarine, fondu	1 c. à soupe	15 mL
Rhubarbe, fraîche ou surgelée,	2¹/₂ tasses	600 mL
coupée en morceaux de		
12 mm (¹/₂ po) d'épaisseur		
Sucre granulé	¹/₄ à ¹/₂ c. à thé 1 à 2 mL	

Abaisser la pâte et en garnir un moule à tarte de 22 cm (9 po). Abaisser le reste de pâte pour former la croûte de dessus.

Dans un petit bol, fouetter les jaunes d'œufs jusqu'à ce qu'ils épaississent et deviennent pâles. Les transvider dans un bol plus grand.

Ajouter les 4 ingrédients suivants. Remuer pour mélanger le tout. Verser l'appareil dans la croûte. Humecter le bord. Centrer la croûte de dessus sur la tarte. Couper la pâte à ras le moule et pincer le bord pour sceller la tarte. Pratiquer des incisions dans la croûte de dessus.

Saupoudrer de sucre. Cuire sur la plus basse grille du four, à 450 °F (230 °C), 10 minutes. Baisser le four à 325 °C (160 °F) et cuire environ 25 minutes de plus, jusqu'à ce que la rhubarbe soit cuite. Donne 1 tarte.

TARTE AUX FRAISES

Une tarte à deux croûtes des plus délicieuses. Une agréable substitution à la tarte aux fraises fraîches glacées.

Pâte brisée pour une tarte à 2 croûtes, voir page 140		
Fraises fraîches, en moitiés ou en quarts selon la taille	1 pte	1 L
Sucre granulé	1 tasse	250 mL
Tapioca à cuisson rapide	3 c. à soupe	50 mL
Sucre granulé	1/4 à 1/2 c. à thé	1 à 2 mL
Crème fouettée, voir page 30 (au goût)		

Abaisser la pâte et en garnir un moule à tarte de 22 cm (9 po). Abaisser le reste de pâte pour former la croûte de dessus.

Déposer les fraises, la première mesure de sucre et le tapioca dans un grand bol. Mélanger le tout. Laisser reposer 15 minutes. Remuer. Verser les fraises dans la croûte. Humecter le bord. Centrer la croûte de dessus sur la tarte. Couper la pâte à ras le moule et pincer le bord pour sceller la tarte. Pratiquer quelques incisions dans le dessus de la tarte.

Saupoudrer de sucre. Cuire sur la plus basse grille du four, à 350 °F (180 °C), quelque 45 minutes, jusqu'à ce que la tarte soit cuite.

Servir avec de la crème fouettée. Donne 1 tarte.

TARTE AUX PRUNES CROUSTILLANTE

Une belle tarte garnie de cassonade.

GARNITURE		
Prunes, dénoyautées et coupées en morceaux (pelées, au goût)	4 tasses	1 L
Farine tout usage	1/3 tasse	75 mL
Sucre granulé	1 tasse	225 mL
Cannelle	1/2 c. à thé	2 mL
Fond de tarte de 22 cm (9 po), voir page 140	1	1
CROÛTE		
Farine tout usage	3/4 tasse	175 mL
Cassonade, tassée	1/2 tasse	125 mL
Beurre ou margarine	6 c. à soupe	100 mL

(suite...)

Garniture : Mélanger les prunes, la farine, le sucre et la cannelle dans un grand bol.

Verser le tout dans la croûte.

Croûte : Mesurer la farine et le sucre dans un bol. Avec un mélangeur à pâtisserie ou deux couteaux, incorporer le beurre jusqu'à obtenir un mélange grossier. Le répandre sur les fruits. Cuire sur la plus basse grille du four, à 350 °F (180 °C), quelque 45 minutes, jusqu'à ce que la tarte soit dorée et que les fruits soient cuits. Donne 1 tarte.

■ TARTE À LA CRÈME AUX RAISINS SECS ■

Les raisins sont mêlés à la garniture crémeuse, et le tout est couronné d'une meringue.

Raisins secs	1 tasse	250 mL
Eau	1 tasse	250 mL
Sucre granulé	$3/4$ tasse	175 mL
Farine tout usage	$1/4$ tasse	50 mL
Jaunes d'œufs	3	3
Vanille	1 c. à thé	5 mL
Sel	$1/4$ c. à thé	1 mL
Crème ou lait entier	1 tasse	250 mL
Abaisse précuite de 22 cm (9 po), voir page 140	1	1
MERINGUE		
Blancs d'œufs, à la température de la pièce	3	3
Crème de tartre	$1/4$ c. à thé	1 mL
Sucre granulé	6 c. à soupe	100 mL

Cuire les raisins secs dans l'eau, à couvert, pendant 10 minutes.

Bien mêler le sucre et la farine. Y incorporer les jaunes d'œufs, la vanille, le sel et la crème. Incorporer ce mélange aux raisins bouillants et remuer jusqu'à nouvelle ébullition et épaississement. Retirer du feu.

Verser l'appareil dans la croûte.

Meringue : Fouetter les blancs d'œufs et la crème de tartre dans un bol pour les faire mousser. Ajouter le sucre graduellement, en battant jusqu'à ce qu'il soit dissous et que le mélange monte en neige ferme. Dresser la meringue sur la tarte à la cuillère, en la faisant bien adhérer à la croûte. Cuire au four, à 350 °F (180 °C), environ 10 minutes, jusqu'à ce que la meringue soit dorée. Donne 1 tarte.

TARTE AUX ABRICOTS FRAIS

Rien n'égale une tarte aux fruits frais comme celle-ci.

**Pâte brisée pour une tarte à 2 croûtes,
voir page 140**

Sucre granulé	1 tasse	250 mL
Farine tout usage	$1/4$ tasse	60 mL
Muscade	$1/8$ c. à thé	0,5 mL
Abricots frais, dénoyautés, en quarts	4 tasses	1 L
Jus d'orange	1 c. à soupe	15 mL
Jus de citron	2 c. à thé	10 mL
Sucre granulé	$1/4$ à $1/2$ c. à thé	1 à 2 mL

Abaisser la pâte et en garnir un moule à tarte de 22 cm (9 po). Abaisser le reste de pâte pour former la croûte de dessus.

Dans un grand bol, mettre la première mesure de sucre, la farine et la muscade. Bien mélanger le tout. Ajouter les abricots. Mélanger et verser les fruits dans la croûte.

Combiner le jus d'orange et le jus de citron. En arroser les fruits. Humecter le bord. Centrer la croûte de dessus sur la tarte. Couper la pâte à ras le moule et pincer le bord pour sceller la tarte. Pratiquer quelques incisions dans le dessus de la tarte.

Saupoudrer de sucre. Cuire sur la plus basse grille du four, à 350 °F (180 °C), quelque 45 minutes, jusqu'à ce que la tarte soit cuite et dorée. Donne 1 tarte.

TARTE AUX POIRES

Une succulente tarte aux poires fraîches pour célébrer l'arrivée de la saison. Une tarte plutôt rare, mais qui vaut d'être essayée.

Sucre granulé	$1/2$ tasse	125 mL
Farine tout usage	2 c. à soupe	30 mL
Gingembre	$1/4$ c. à thé	1 mL
Cannelle	$1/8$ c. à thé	0,5 mL
Poires moyennes (Bartlett par exemple), pelées et tranchées	6 à 8	6 à 8

**Pâte brisée pour une tarte à 2 croûtes,
voir page 140**

Jus de citron	$1^{1/2}$ c. à soupe	25 mL
Sucre granulé	$1/4$ à $1/2$ c. à thé	1 à 2 mL

(suite...)

Mettre les 4 premiers ingrédients dans un grand bol. Remuer.

Ajouter les poires et remuer de nouveau.

Abaisser la pâte et en garnir un moule à tarte de 22 cm (9 po). Abaisser le reste de pâte pour former la croûte de dessus. Verser les poires dans la croûte.

Arroser les poires de jus de citron. Humecter le bord. Centrer la croûte de dessus sur la tarte. Couper la pâte à ras le moule et pincer le bord pour sceller la tarte. Pratiquer quelques incisions dans le dessus de la tarte.

Saupoudrer de sucre. Cuire sur la plus basse grille du four, à 350 °F (180 °C), quelque 60 minutes, jusqu'à ce que la tarte soit dorée et que les poires soient cuites. Donne 1 tarte.

TARTE D'HIVER

Rappelle une tarte au mincemeat. À servir garnie de crème glacée pour clore un repas ou à l'occasion d'un goûter.

Sucre granulé	$1/_2$ tasse	125 mL
Fécule de maïs	1 c. à soupe	15 mL
Cannelle	$1/_2$ c. à thé	3 mL
Clous de girofle	$1/_4$ c. à thé	1 mL
Muscade	$1/_4$ c. à thé	1 mL
Sel	$1/_4$ c. à thé	1 mL
Raisins secs, épépinés	1 tasse	250 mL
Carotte, hachée fin	$1/_2$ tasse	125 mL
Eau chaude	$1/_2$ tasse	125 mL
Pommes, pelées, grossièrement hachées	1 tasse	250 mL
Pâte brisée pour une tarte à 2 croûtes, voir page 140		
Sucre granulé	$1/_4$ à $1/_2$ c. à thé	1 à 2 mL

Mélanger les 6 premiers ingrédients dans une casserole moyenne. Bien remuer.

Ajouter les raisins secs et les carottes. Incorporer l'eau en remuant. Porter à ébullition en remuant, à feu moyen. Laisser mijoter 5 minutes. Retirer du feu.

Ajouter les pommes. Remuer.

Abaisser la pâte et en garnir un moule à tarte de 22 cm (9 po). Y dresser la garniture à la cuillère. Humecter le bord. Centrer la croûte de dessus sur la tarte. Couper la pâte à ras le moule et pincer le bord pour sceller la tarte. Pratiquer quelques incisions dans le dessus de la tarte.

Saupoudrer de sucre. Cuire au four, à 350 °F (180 °C), 40 à 45 minutes, ou jusqu'à ce que la tarte soit dorée. Donne 1 tarte.

TARTE À L'ANANAS ET AU FROMAGE

Particulièrement exquise.

Ananas broyé, dans son jus	14 oz	398 mL
Sucre granulé	2/3 tasse	150 mL
Fécule de maïs	2 c. à soupe	30 mL
Fromage à la crème, ramolli	8 oz	250 g
Sucre granulé	1/2 tasse	125 mL
Œufs	2	2
Vanille	3/4 c. à thé	4 mL
Sel	1/4 c. à thé	1 mL
Lait	1/3 tasse	75 mL
Fond de tarte de 25 cm (10 po), voir page 140	1	1
Crème fouettée, voir page 30	1 tasse	250 mL
Noix de macadamia, hachées (ou autres)		

Mélanger les 3 premiers ingrédients dans une casserole. Bien mélanger, jusqu'à ce que la fécule de maïs soit dissoute. Porter à ébullition en remuant, à feu moyen. Laisser frémir 1 minute, jusqu'à ce que le mélange épaississe. Laisser refroidir.

Dans un bol, battre le fromage à la crème et la seconde mesure de sucre. Ajouter les œufs, l'un après l'autre, en battant jusqu'à obtenir un mélange homogène après chaque ajout. Incorporer la vanille, le sel et le lait.

Étaler le mélange d'ananas dans la croûte, puis celui de fromage à la crème. Cuire sur la plus basse grille du four, à 350 °F (180 °C), quelque 55 minutes, jusqu'à ce que la garniture soit prise. Laisser refroidir.

Garnir de crème fouettée. Répandre les noix de macadamia sur la tarte. Donne 1 tarte.

TARTE AUX POMMES RÂPÉES

Une tarte aux pommes à fière allure. Elle contient des œufs, ce qui lui donne une texture crémeuse. Elle est ouverte, pour que les brins de pommes paraissent.

Œufs	2	2
Sucre granulé	1 tasse	250 mL
Farine tout usage	1 c. à soupe	15 mL
Pommes, pelées, râpées (utiliser une râpe moyenne), tassées	2 tasses	500 mL
Cannelle	$^1/_2$ c. à thé	2 mL
Fond de tarte de 22 cm (9 po), voir page 140	1	1

Dans un bol moyen, fouetter les œufs pour les faire mousser. Y incorporer le sucre et la farine au fouet.

Ajouter les pommes et la cannelle. Remuer.

Verser l'appareil dans la croûte. Cuire au four à 350 °F (180 °C) environ 45 minutes, jusqu'à ce que la tarte soit prise et que les pommes soient cuites. Donne 1 tarte.

TARTE DES NEIGES

Si légère et si bonne qu'elle rappelle la neige fraîchement tombée. Il vaut mieux la manger tout de suite. Très facile à faire. La croûte cuit deux fois.

Blancs d'œufs, à la température de la pièce	2	2
Sucre granulé	1 tasse	250 mL
Pommes, pelées, râpées	1 tasse	250 mL
Abaisse précuite de 22 cm (9 po), voir page 140	1	1
Crème glacée (au goût)		

Dans un bol, monter les blancs d'œufs en neige légère.

Incorporer graduellement le sucre et les pommes en battant, jusqu'à ce que le mélange épaississe.

Verser l'appareil dans la croûte précuite. Cuire au four, à 350 °F (180 °C), 15 à 20 minutes, jusqu'à ce que la garniture soit prise. Laisser refroidir.

Garnir de crème glacée. Donne 1 tarte.

TARTE AUX POMMES

La tarte par excellence quand on se sent d'humeur gourmande ou maussade. L'odeur qu'elle dégage en cuisant est alléchante. Servir avec du fromage ou de la crème glacée.

Pâte brisée pour une tarte à 2 croûtes, voir page 140

Sucre granulé	1 tasse	250 mL
Farine tout usage	2 c. à soupe	30 mL
Cannelle	1/2 c. à thé	2 mL
Pommes à cuire (McIntosh par exemple), pelées, épépinées, coupées en morceaux	5 tasses	1,13 L
Jus de citron	2 c. à thé	10 mL
Sucre granulé	1/4 à 1/2 c. à thé	1 à 2 mL

Abaisser la pâte et en garnir un moule à tarte de 22 cm (9 po). Abaisser le reste de pâte pour former la croûte de dessus.

Dans un grand bol, mélanger la première mesure de sucre, la farine et la cannelle.

Ajouter les pommes et remuer. Verser l'appareil dans la croûte.

Arroser de jus de citron. Humecter le bord. Centrer la croûte de dessus sur la tarte. Couper la pâte à ras le moule et pincer le bord pour sceller la tarte. Pratiquer quelques incisions dans le dessus de la tarte.

Saupoudrer de sucre. Cuire sur la plus basse grille du four, à 350 °F (180 °C), quelque 45 minutes, jusqu'à ce que la tarte soit dorée et que les pommes soient cuites. Donne 1 tarte.

Remarque : dans la garniture, on peut remplacer le sucre granulé entièrement ou partiellement par de la cassonade.

TARTE À LA RHUBARBE

Une tarte ordinaire, au goût pas ordinaire!

Pâte brisée pour une tarte à 2 croûtes, voir page 140

Tapioca à cuisson rapide	3 c. à soupe	50 mL
Rhubarbe, en morceaux de 2,5 cm (1 po), préférablement rouge	4 tasses	1 L
Sucre granulé	1 1/2 tasse	375 mL
Sel	1/8 c. à thé	0,5 mL
Sucre granulé, pour garnir	1/4 à 1/2 c. à thé	1 à 2 mL

(suite...)

Abaisser la pâte et en garnir un moule à tarte de 22 cm (9 po).

Mélanger le tapioca, la rhubarbe, la première mesure de sucre et le sel dans un grand bol. Remuer. Laisser reposer 15 minutes. Remuer et verser dans la croûte.

Abaisser le reste de pâte pour former la croûte de dessus. Humecter le bord. Centrer le dessus sur la tarte. Couper la pâte à ras le moule et pincer le bord pour sceller. Faire quelques incisions dans le dessus de la tarte.

Saupoudrer de sucre. Cuire dans le bas du four, à 350 °F (180 °C), 45 à 55 minutes, jusqu'à ce que la tarte soit cuite et dorée. Donne 1 tarte.

TARTE AUX POMMES RENVERSÉE

Semble impossible, mais ne l'est pas. Un dessert orné de pacanes qui a fière allure. Au départ, les pacanes sont au fond.

Noix de Grenoble ou pacanes, en moitiés	**¹/₂ tasse**	**125 mL**
Cassonade, tassée	**¹/₃ tasse**	**75 mL**
Sucre granulé	**1 tasse**	**250 mL**
Farine tout usage	**2 c. à soupe**	**30 mL**
Cannelle	**¹/₂ c. à thé**	**2 mL**
Sel	**¹/₈ c. à thé**	**0,5 mL**
Jus de citron	**2 c. à thé**	**10 mL**
Pommes à cuire (McIntosh par exemple), pelées, épépinées, tranchées	**5 tasses**	**1,13 L**
Pâte brisée pour une tarte ouverte, voir page 140		

Garnir un moule à tarte de 22 cm (9 po) d'un large cercle de papier d'aluminium. Tailler 2 morceaux de papier d'aluminium de 30 cm (12 po) de large sur 60 cm (2 pi) de long. Faire un pli retourné sur la longueur pour former un grand carré. Le placer dans un moule à tarte. Bien graisser celui-ci, remontant jusqu'au bord. Déposer les moitiés de noix ou de pacanes dans le moule, côté plat vers le haut. Saupoudrer de cassonade.

Bien mélanger les 5 ingrédients suivants dans un bol.

Ajouter les pommes au mélange sec. Combiner le tout. Étaler le mélange sur les noix, dans le moule à tarte.

Abaisser la pâte et la déposer sur le moule. Replier le bord et le canneler. Rabattre le papier d'aluminium sur le pourtour de la tarte. On peut enlever l'excédent de papier d'aluminium, mais il faut laisser un rebord d'au moins 10 cm (4 po) de haut. Pratiquer des incisions dans la croûte. Cuire au four, à 350 °F (180 °C), 45 à 55 minutes, jusqu'à ce que les pommes soient cuites. Inverser la tarte sur une grande assiette, de sorte qu'elle se trouve renversée. Retirer le papier d'aluminium en ayant soin de ne pas abîmer la tarte. Servir tiède. Donne 1 tarte.

Photo à la page 53.

TARTE AUX CANNEBERGES

Un dessert traditionnel du jour de l'An. La garniture de crème fouettée est de rigueur.

Sucre granulé	³/₄ tasse	175 mL
Farine tout usage	1¹/₂ c. à soupe	25 mL
Eau bouillante	¹/₂ tasse	125 mL
Sel	¹/₄ c. à thé	1 mL
Canneberges, fraîches ou surgelées	1¹/₂ tasse	375 mL
Raisins secs	1 tasse	250 mL
Fond de tarte de 22 cm (9 po), voir page 140	1	1
CRÈME FOUETTÉE		
Crème à fouetter	1 tasse	250 mL
Sucre granulé	2 c. à thé	10 mL
Vanille	¹/₂ c. à thé	2 mL

Combiner le sucre et la farine. Ajouter l'eau et le sel. Mélanger le tout.

Broyer les canneberges et les raisins secs. Les ajouter au mélange de farine. Remuer. On peut aussi passer tous les ingrédients au robot culinaire pour les broyer et les mélanger en une étape.

Verser l'appareil dans la croûte. Cuire au four, à 400 °F (200 °C), environ 20 minutes. Laisser refroidir.

Crème fouettée : Fouetter la crème, le sucre et la vanille dans un petit bol jusqu'à ce que le mélange épaississe. Le dresser sur la tarte à la cuillère. Réfrigérer. Donne 1 tarte.

Photo à la page 125.

FAUSSE TARTE AUX CERISES : Hacher grossièrement les canneberges et les raisins secs au lieu de les broyer. Ajouter 50 mL (¹/₄ tasse) de sucre de plus. Parfumer l'appareil à l'essence d'amande, au goût, soit environ 1 à 2 mL (¹/₄ à ¹/₂ c. à thé). Recouvrir la garniture avec une croûte de dessus. Cuire jusqu'à ce que la tarte soit dorée.

TARTE AUX POIRES À L'ALLEMANDE

Une tarte qui annonce l'automne.

Sucre granulé	¹/₄ tasse	60 mL
Farine tout usage	¹/₄ tasse	60 mL
Gingembre	¹/₄ c. à thé	1 mL
Poires moyennes (Bartlett par exemple), pelées et tranchées	7	7
Fond de tarte de 22 cm (9 po), voir page 140	1	1
Sirop de maïs	¹/₄ tasse	50 mL
Jus de citron	1¹/₂ c. à soupe	25 mL

GARNITURE FAÇON STREUSEL

Farine tout usage	²/₃ tasse	150 mL
Cassonade, tassée	¹/₂ tasse	125 mL
Beurre ou margarine	¹/₃ tasse	75 mL

Mêler les 3 premiers ingrédients dans un grand bol.

Ajouter les poires. Remuer.

Verser les fruits dans la croûte.

Mélanger le sirop de maïs et le jus de citron. En arroser les fruits.

Garniture façon Streusel : Mélanger la farine, le sucre et le beurre. Travailler le tout jusqu'à obtenir un mélange grossier. Le répandre sur la tarte. Cuire sur la plus basse grille du four, à 350 °F (180 °C), 60 à 70 minutes, jusqu'à ce que la tarte soit dorée et que les poires soient cuites. Donne 1 tarte.

GARNITURE DE MIETTES

Farine tout usage	¹/₂ tasse	125 mL
Sucre granulé, tassé	¹/₂ tasse	125 mL
Beurre ou margarine	¹/₃ tasse	75 mL

Travailler les 3 ingrédients jusqu'à ce obtenir un mélange grossier.

Substituer cette garniture à la garniture façon Streusel. Cuire tel qu'indiqué ci-dessus. Donne une garniture dorée tirant sur le blanc plutôt que sur le brun.

TARTE À LA CRÈME AUX POMMES

Le jus de cette tarte est enrichi par l'ajout de crème à fouetter.

Pâte brisée pour une tarte à 2 croûtes,
   voir page 140

Sucre granulé	**1 tasse**	**250 mL**
Farine tout usage	**$^1/_4$ tasse**	**60 mL**
Cannelle	**$^1/_2$ c. à thé**	**2 mL**
Sel	**$^1/_8$ c. à thé**	**0,5 mL**
Pommes à cuire, pelées, épépinées, coupées en morceaux	**5 tasses**	**1,13 L**
Crème à fouetter	**$^1/_2$ tasse**	**125 mL**

Bandes de pâte de 2,5 cm (1 po) de
   large pour le dessus en treillis (on peut
   aussi laisser la croûte intacte)

Abaisser la pâte et en garnir un moule à tarte de 22 cm (9 po).

Mettre le sucre, la farine, la cannelle et le sel dans un grand bol. Bien mélanger.

Ajouter les pommes. Mélanger. Verser les fruits dans la croûte.

Verser la crème sur les fruits.

Humecter le bord. Former un treillis sur la tarte en disposant des bandes de pâte à angle droit. Pincer le bord pour sceller la tarte. Cuire sur la plus basse grille du four, à 375 °F (190 °C), quelque 45 minutes, jusqu'à ce que les pommes soient cuites. Donne 1 tarte.

TARTE AUX PÊCHES ET À LA CRÈME SURE

Une tarte à deux croûtes fourrée à la crème sure et aux pêches fraîches.

Pâte brisée pour une tarte à 2 croûtes,
   voir page 140

Crème sure	**1 tasse**	**250 mL**
Cassonade, tassée	**1 tasse**	**250 mL**
Farine tout usage	**$^1/_3$ tasse**	**75 mL**
Œuf, battu à la fourchette	**1**	**1**
Cannelle	**$^1/_4$ c. à thé**	**1 mL**
Pêches, pelées et tranchées	**2$^1/_2$ tasses**	**575 mL**
Sucre granulé	**$^1/_4$ à $^1/_2$ c. à thé**	**1 à 2 mL**

(suite...)

Abaisser la pâte et en garnir un moule à tarte de 22 cm (9 po). Abaisser le reste de pâte pour former la croûte de dessus. La couvrir d'une pellicule plastique.

Mélanger les 5 ingrédients suivants dans un petit bol. Remuer.

Ébouillanter les pêches pendant 1 minute, puis les passer sous l'eau froide. Peler et trancher les pêches, les disposer dans la croûte, puis les recouvrir du mélange de crème sure.

Humecter le bord. Centrer la croûte de dessus sur la tarte. Couper la pâte à ras le moule et pincer le bord pour sceller la tarte. Pratiquer quelques incisions dans le dessus de la tarte.

Saupoudrer de sucre. Cuire sur la plus basse grille du four, à 425 °F (220 °C), 10 minutes. Baisser le four à 350 °F (180 °C) et cuire environ 40 minutes, jusqu'à ce que la tarte soit dorée et que les pêches soient cuites. Donne 1 tarte.

TARTE AUX FRAISES ET À L'ANANAS

D'un joli rose. Un agréable mélange de saveurs.

Sucre granulé	1 tasse	250 mL
Fécule de maïs	2 c. à soupe	30 mL
Fraises fraîches, tranchées	3 tasses	700 mL
Ananas broyé, égoutté	19 oz	540 mL
Pâte brisée pour une tarte à 2 croûtes, voir page 140		
Sucre granulé	**1/4 à 1/2 c. à thé**	**1 à 2 mL**

Dans un grand bol, mélanger la première mesure de sucre et la fécule de maïs. Ajouter les fraises et l'ananas. Remuer.

Abaisser la pâte et en garnir un moule à tarte de 22 cm (9 po). Abaisser le reste de pâte pour former la croûte de dessus. Verser les fruits dans la croûte. Humecter le bord. Centrer la croûte de dessus sur la tarte. Couper la pâte à ras le moule et pincer le bord pour sceller la tarte. Pratiquer quelques incisions dans le dessus de la tarte.

Saupoudrer de sucre. Cuire sur la plus basse grille du four, à 350 °F (180 °C), quelque 50 minutes, jusqu'à ce que la tarte soit dorée et que les fraises soient cuites. Donne 1 tarte.

TARTE AUX FRAISES ET À LA RHUBARBE

Deux fruits qui s'accordent naturellement.

Œuf	1	1
Farine tout usage	3 c. à soupe	50 mL
Sucre granulé	1 tasse	250 mL
Rhubarbe, coupée en petits morceaux	3 tasses	700 mL
Fraises fraîches, tranchées	1 tasse	250 mL
Pâte brisée pour une tarte à 2 croûtes, voir page 140		
Sucre granulé	$^1/_4$ à $^1/_2$ c. à thé	1 à 2 mL

Fouetter l'œuf dans un grand bol. Y incorporer la farine, puis la première mesure de sucre. Bien mélanger.

Ajouter la rhubarbe et les fraises. Remuer.

Abaisser la pâte et en garnir un moule à tarte de 22 cm (9 po). Abaisser le reste de pâte pour former la croûte de dessus. Verser les fruits dans la croûte. Humecter le bord. Centrer la croûte de dessus sur la tarte. Couper la pâte à ras le moule et pincer le bord pour sceller la tarte. Pratiquer quelques incisions dans le dessus de la tarte.

Saupoudrer de sucre. Cuire sur la plus basse grille du four, à 350 °F (180 °C), quelque 45 minutes, jusqu'à ce que la tarte soit dorée et que les fruits soient cuits. Donne 1 tarte.

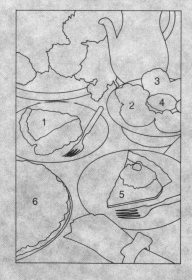

TARTE AUX QUATRE FRUITS

Une tarte haute en couleurs, qui gagne à être rehaussée de crème fouettée ou de crème glacée.

Pâte brisée pour une tarte à 2 croûtes,
    voir page 140

Sucre granulé	1 ¹/₃ tasse	300 mL
Farine tout usage	¹/₃ tasse	75 mL
Pommes à cuire, pelées et tranchées	2 tasses	450 mL
Framboises	1 tasse	250 mL
Mûres	1 tasse	250 mL
Rhubarbe, coupée en petits morceaux	1 tasse	250 mL
Sucre granulé	¹/₄ à ¹/₂ **c. à thé**	1 à 2 mL

Abaisser la pâte et en garnir un moule à tarte de 22 cm (9 po). Abaisser le reste de pâte pour former la croûte de dessus.

Dans un grand bol, combiner la première mesure de sucre et la farine.

Ajouter les pommes, les framboises, les mûres et la rhubarbe. Bien mélanger. Verser les fruits dans la croûte. Humecter le bord. Centrer la croûte de dessus sur la tarte. Couper la pâte à ras le moule et pincer le bord pour sceller la tarte. Pratiquer quelques incisions dans le dessus de la tarte.

Saupoudrer de sucre. Cuire sur la plus basse grille du four, à 350 °F (180 °C), quelque 45 minutes, jusqu'à ce que la tarte soit dorée et que les pommes soient cuites. Donne 1 tarte.

TARTE DES ANGES

On ajoute de la chapelure de biscuits Graham à la croûte de meringue, puis on décore la tarte de crème fouettée et de copeaux de chocolat.

FOND MERINGUÉ

Blancs d'œufs, à la température de la pièce	3	3
Crème de tartre	¼ c. à thé	1 mL
Sucre granulé	1 tasse	225 mL
Vanille	1 c. à thé	5 mL
Poudre à pâte	1 c. à thé	5 mL
Chapelure de biscuits Graham	1 tasse	225 mL
Pacanes ou noix de Grenoble, hachées	1 tasse	225 mL

GARNITURE

Crème à fouetter (ou 1 sachet de garniture à dessert)	1 tasse	250 mL
Sucre granulé	2 c. à thé	10 mL
Vanille	½ c. à thé	2 mL
Chocolat mi-sucré, râpé	¼ tasse	50 mL
Chocolat mi-sucré, râpé	1 à 2 c. à soupe	15 à 30 mL

Fond meringué : Fouetter les blancs d'œufs pour les faire mousser. Ajouter la crème de tarte et battre jusqu'à obtenir des pics mous. Ajouter le sucre graduellement, en battant en neige très ferme, jusqu'à ce qu'il n'en reste plus.

Incorporer la vanille et la poudre à pâte, puis la chapelure de biscuits Graham et les pacanes. Étaler le mélange sur le fond et les parois d'un moule à tarte de 22 cm (9 po) graissé. Cuire au four, à 325 °F (160 °C), 25 à 30 minutes. Laisser refroidir sur une grille.

Garniture : Fouetter la crème, le sucre et la vanille dans un petit bol jusqu'à ce que le mélange épaississe.

Y incorporer la première quantité de chocolat râpé. Étaler le mélange dans le fond meringué.

Répandre le reste de chocolat sur le dessus. Réfrigérer. Donne 1 tarte.

TARTE DES ANGES AU CHOCOLAT

De quoi satisfaire l'envie de chocolat de huit personnes.

Fond meringué, voir page 128	**1**	**1**
GARNITURE		
Brisures de chocolat mi-sucré	**1 tasse**	**250 mL**
Eau	**3 c. à soupe**	**50 mL**
Granules de café instantané	**½ c. à thé**	**2 mL**
Vanille	**1 c. à thé**	**5 mL**
Crème à fouetter (ou 1 sachet de garniture à dessert)	**1 tasse**	**250 mL**

Garniture : Dans une casserole moyenne, faire fondre les brisures de chocolat avec l'eau, les granules de café et la vanille en remuant souvent. Déposer la casserole dans de l'eau froide pour faire refroidir le mélange.

Fouetter la crème dans un petit bol pour qu'elle épaississe. L'incorporer, en pliant, au mélange de chocolat refroidi. Verser l'appareil dans le fond meringué. Réfrigérer plusieurs heures ou toute une nuit. Donne 1 tarte.

TARTE DES ANGES AU CITRON

Un parfum de citron dans un fond meringué.

Croûte de meringue, voir page 131	**1**	**1**
GARNITURE		
Jaunes d'œufs	**3**	**3**
Sucre granulé	**½ tasse**	**125 mL**
Jus de citron	**3 c. à soupe**	**50 mL**
Zeste de citron râpé	**2 c. à thé**	**10 mL**
Crème à fouetter (ou 1 sachet de garniture à dessert)	**1 tasse**	**250 mL**

Préparer et cuire la croûte de meringue. La laisser refroidir.

Garniture : Mélanger les 4 premiers ingrédients dans un bain-marie ou un petit poêlon. Chauffer en remuant jusqu'à ébullition et épaississement. Retirer du feu et laisser refroidir.

Fouetter la crème dans un petit bol pour qu'elle épaississe. L'incorporer, en pliant, au mélange de citron refroidi. Verser l'appareil dans la croûte de meringue. Réfrigérer plusieurs heures ou toute une nuit. Donne 1 tarte.

TARTE DES ANGES AU FONDANT

Deux tons de couleur, et de goût. Une crème au chocolat étalée sur un fond de chocolat meringué.

CROÛTE DE MERINGUE

Blancs d'œufs, à la température de la pièce	3	3
Sel, une pincée		
Crème de tartre	¼ c. à thé	1 mL
Sucre granulé	¾ tasse	175 mL
Chapelure de gaufrettes au chocolat	¾ tasse	175 mL
Noix de Grenoble ou pacanes, hachées	½ tasse	125 mL
Vanille	½ c. à thé	2 mL

GARNITURE

Crème à fouetter (ou 1 sachet de garniture à dessert)	1 tasse	250 mL
Cacao (au goût)	2 c. à soupe	30 mL
Sucre granulé	1 c. à soupe	15 mL
Vanille	½ c. à thé	2 mL
Chocolat râpé	1 à 2 c. à soupe	15 à 30 mL

Croûte de meringue : Dans un bol, monter les blancs d'œufs, le sel et la crème de tartre en neige légère. Ajouter le sucre graduellement, en battant jusqu'à ce qu'il soit dissous et que le mélange monte en neige ferme.

Incorporer la chapelure, les noix et la vanille. Étaler le mélange au fond d'un moule à tarte de 22 cm (9 po) graissé pour former la croûte. Cuire au four, à 325 °F (160 °C), environ 35 minutes, jusqu'à ce que la meringue soit sèche. Laisser refroidir.

Garniture : Monter la crème, le cacao, le sucre et la vanille en neige ferme dans un petit bol. Étaler l'appareil dans la croûte.

Saupoudrer de chocolat râpé. Donne 1 tarte.

Photo à la page 71.

TARTE DES ANGES AUX FRAMBOISES

Une tarte qu'il faut goûter. Elle déborde de saveur.

CROÛTE DE MERINGUE

Blancs d'œufs, à la température de la pièce	3	3
Sucre granulé	1 tasse	225 mL
Vanille	1 c. à thé	5 mL
Chapelure de craquelins (Ritz par exemple)	1 tasse	225 mL
Pacanes ou noix de Grenoble, hachées	³/₄ tasse	175 mL

GARNITURE

Framboises ou fraises surgelées, dans un sirop épais, dégelées	10 oz	284 g

CRÈME FOUETTÉE

Crème à fouetter (ou 1 sachet de garniture à dessert)	1 tasse	250 mL
Sucre granulé	2 c. à thé	10 mL
Vanille	¹/₂ c. à thé	2 mL

Croûte de meringue : Fouetter les blancs d'œufs dans un bol jusqu'à ce qu'ils montent en pics mous. Ajouter le sucre graduellement, à raison d'environ 15 mL (1 c. à table) à la fois, en battant en neige très ferme, jusqu'à ce qu'il n'en reste plus. Incorporer la vanille.

Incorporer la chapelure de craquelins et les pacanes à la cuillère. Étaler le mélange sur le fond et les parois d'un moule à tarte de 22 cm (9 po) graissé. Cuire au four, à 325 °F (160 °C), 25 à 30 minutes. Laisser refroidir sur une grille. On peut geler la croûte à ce stade.

Garniture : Étaler les framboises au fond de la croûte refroidie.

Crème fouettée : Monter la crème, le sucre et la vanille en neige ferme dans un petit bol. La dresser sur les framboises à la cuillère. Laisser reposer la tarte 2 à 3 heures avant de la couper. Donne 1 tarte.

TARTE AUX PACANES SANS PACANES

La tarte pour ceux qui ne peuvent pas manger de pacanes. Elle contient du gruau, et ressemble à s'y méprendre à une vraie tarte aux pacanes.

Œufs	2	2
Sirop de maïs	1 tasse	250 mL
Sucre granulé	1 tasse	250 mL
Beurre ou margarine, fondu	1/4 tasse	50 mL
Gruau rapide	1 tasse	250 mL
Fond de tarte de 22 cm (9 po), voir page 140	1	1

Dans un petit bol, battre les œufs pour les faire mousser. Incorporer les 4 ingrédients suivants, sans cesser de battre.

Verser l'appareil dans la croûte. Cuire sur la plus basse grille du four, à 350 °F (180 °C), quelque 50 minutes, jusqu'à ce que la garniture soit prise.

TARTE AU LAIT DE POULE

De rigueur au menu des Fêtes. On jurerait boire du lait de poule.

Sucre granulé	1/2 tasse	125 mL
Fécule de maïs	2 c. à soupe	30 mL
Gélatine non parfumée	1 x 1/4 oz	1 x 7 g
Sel	1/4 c. à thé	1 mL
Lait	1 1/4 tasse	275 mL
Jaunes d'œufs, légèrement battus	3	3
Vanille	1 1/2 c. à thé	7 mL
Essence de rhum	1/2 c. à thé	2 mL
Essence d'amande	1/4 c. à thé	1 mL
Muscade	1/4 c. à thé	1 mL
Crème à fouetter (ou 1 sachet de garniture à dessert)	1 tasse	250 mL
Cerises au marasquin, tranchées (au goût)	4 à 8	4 à 8
Abaisse précuite de 22 cm (9 po), voir page 140	1	1

(suite...)

Mélanger les 4 premiers ingrédients dans une casserole. Bien remuer.

Incorporer graduellement le lait, en remuant. Chauffer en remuant jusqu'à ébullition et épaississement.

Incorporer environ 125 mL (1/2 tasse) du mélange chaud aux jaunes d'œufs. Retourner le tout à la casserole et continuer de chauffer, en remuant, jusqu'à nouvelle ébullition. Retirer du feu.

Ajouter la vanille, les essences de rhum et d'amande et la muscade. Réfrigérer le mélange jusqu'à ce qu'il ait la consistance d'un sirop épais.

Fouetter la crème dans un petit bol pour qu'elle épaississe. L'incorporer, en pliant, au mélange réfrigéré.

Incorporer les tranches de cerises. Verser l'appareil dans la croûte. Réfrigérer. Donne 1 tarte.

TARTE AUX COURGETTES

Elles ressemblent à des pommes et en ont la texture et le goût.

Courgettes, pelées, hachées	**7 tasses**	**1,6 L**
Eau	**1/2 tasse**	**125 mL**
Sucre granulé	**1 tasse**	**250 mL**
Fécule de maïs	**2 c. à soupe**	**30 mL**
Cannelle	**1 1/2 c. à thé**	**7 mL**
Sel	**1/4 c. à thé**	**1 mL**
Jus de citron	**1/4 tasse**	**50 mL**

Pâte brisée pour une tarte à 2 croûtes,
  voir page 140

Sucre granulé	**1/4 à 1/2 c. à thé 1 à 2 mL**

Couvrir les courgettes d'eau dans une grande casserole. Si les courgettes sont surgelées, ne pas ajouter d'eau. Porter à ébullition. Cuire à découvert, en remuant souvent, environ 10 minutes jusqu'à ce que les courgettes soient tendres et que l'eau soit presque complètement évaporée. Le volume de courgettes sera réduit à peu près de moitié.

Mélanger la première mesure de sucre, la fécule de maïs, la cannelle et le sel dans un bol. En remuant, incorporer le mélange aux courgettes, avec le jus de citron. Cuire en remuant jusqu'à épaississement. Retirer du feu. Déposer la casserole dans de l'eau froide et laisser refroidir 10 minutes.

Abaisser la pâte et en garnir un moule à tarte de 22 cm (9 po). Verser l'appareil dans la croûte. Abaisser le reste de pâte pour former la croûte de dessus. Humecter le bord. Centrer la croûte de dessus sur la tarte. Couper la pâte à ras le moule et pincer le bord pour sceller la tarte. Pratiquer quelques incisions dans le dessus de la tarte.

Saupoudrer de sucre. Cuire dans le bas du four, à 375 °F (190 °C), quelque 55 minutes, jusqu'à ce que la tarte soit dorée. Donne 1 tarte.

FAUSSE TARTE À LA CITROUILLE

À goûter l'ingrédient surprise — du navet — il est difficile de croire que cette tarte n'est pas à la citrouille.

Œufs	2	2
Cassonade, tassée	3/4 tasse	175 mL
Navet (rutabaga), cuit, en purée	1 1/4 tasse	275 mL
Cannelle	1 c. à thé	5 mL
Muscade	1/2 c. à thé	2 mL
Gingembre	1/2 c. à thé	2 mL
Clous de girofle	1/8 c. à thé	0,5 mL
Sel	1/2 c. à thé	2 mL
Lait évaporé	1 1/4 tasse	275 mL
Fond de tarte de 22 cm (9 po), voir page 140	1	1
Crème fouettée, voir page 30		

Dans un bol, battre légèrement les œufs. Ajouter les 8 ingrédients suivants, dans l'ordre donné, et mélanger le tout.

Verser l'appareil dans la croûte. Cuire sur la plus basse grille du four, à 450 °F (230 °C), 10 minutes. Baisser le four à 325 °F (160 °C) et cuire 40 à 50 minutes de plus, jusqu'à ce qu'un couteau inséré au milieu de la tarte ressorte propre. Laisser refroidir.

Garnir chaque pointe d'une cuillerée de crème fouettée, ou étaler celle-ci sur la tarte avant de la couper. Donne 1 tarte.

FAUSSE TARTE AUX POMMES

À ne pas en croire ses papilles!

Pâte brisée pour une tarte à 2 croûtes, voir page 140		
Craquelins ou biscuits Ritz, en morceaux	1 tasse	250 mL
Cannelle	1 c. à thé	5 mL
Eau	1 1/2 tasse	350 mL
Sucre granulé	1 1/2 tasse	350 mL
Crème de tartre	1 1/2 c. à thé	7 mL
Sucre granulé	1/4 à 1/2 c. à thé	1 à 2 mL

(suite...)

Abaisser la pâte et en garnir un moule à tarte de 22 cm (9 po). Briser les craquelins en 4 ou 5 morceaux chacun et les disposer dans la croûte. Saupoudrer de cannelle.

Mélanger l'eau, la première mesure de sucre et la crème de tartre dans une casserole. Porter à ébullition. Laisser tiédir le mélange avant de le verser sur les craquelins. Abaisser le reste de pâte pour former la croûte de dessus. Humecter le bord. Centrer la croûte de dessus sur la tarte. Couper la pâte à ras le moule et pincer le bord pour sceller la tarte. Pratiquer quelques incisions dans le dessus de la tarte.

Saupoudrer de sucre. Cuire dans le bas du four, à 350 °F (180 °C), quelque 45 minutes, jusqu'à ce que la tarte soit dorée. Donne 1 tarte.

Photo à la page 53.

TARTE AU VINAIGRE

À l'époque où les magasins étaient loin et où les citrons étaient rares, cette tarte faisait bien l'affaire. Elle a le même goût qu'une tarte au citron.

Vinaigre	$1/3$ tasse	75 mL
Sucre granulé	$1/2$ tasse	125 mL
Eau	$1^3/4$ tasse	400 mL
Sucre granulé	$1/2$ tasse	125 mL
Farine tout usage	6 c. à soupe	100 mL
Jaunes d'œufs	3	3
Eau	$1/4$ tasse	50 mL
Essence de citron	1 c. à thé	5 mL
Abaisse précuite de 22 cm (9 po), voir page 140	1	1
MERINGUE		
Blancs d'œufs, à la température de la pièce	3	3
Vinaigre	$1/2$ c. à thé	2 mL
Sucre granulé	6 c. à soupe	100 mL

Verser le vinaigre et les premières mesures de sucre et d'eau dans une casserole. Remuer. Porter à ébullition à feu moyen.

Dans un petit bol, mélanger les 5 ingrédients suivants. En remuant, incorporer ce mélange au mélange en ébullition. Porter à nouvelle ébullition jusqu'à épaississement. Verser l'appareil dans la croûte.

Meringue : Dans un petit bol, monter les blancs d'œufs et le vinaigre en neige légère. Ajouter le sucre graduellement, en battant jusqu'à ce qu'il soit dissous et que le mélange monte en neige ferme. Étaler la meringue sur la tarte, en la faisant bien adhérer à la croûte pour sceller la tarte. Cuire au four, à 350 °F (180 °C), environ 10 minutes, jusqu'à ce que la meringue soit dorée. Donne 1 tarte.

TARTE AUX PATATES DOUCES

Servie avec de la crème fouettée, cette tarte ressemble à s'y méprendre à une tarte à la citrouille.

Œufs	2	2
Patates douces, cuites, en purée	1¹/₂ tasse	350 mL
Cassonade, tassée	³/₄ tasse	175 mL
Beurre ou margarine, ramolli	2 c. à soupe	30 mL
Cannelle	³/₄ c. à thé	4 mL
Gingembre	³/₄ c. à thé	4 mL
Quatre-épices	¹/₄ c. à thé	1 mL
Sel	¹/₂ c. à thé	2 mL
Lait	1¹/₄ tasse	275 mL
Vanille	1 c. à thé	5 mL
Fond de tarte de 22 cm (9 po), voir page 140	1	1

Dans un bol, fouetter les œufs pour les faire mousser. Ajouter les 7 ingrédients suivants, dans l'ordre donné.

Incorporer lentement le lait et la vanille.

Verser l'appareil dans la croûte. Cuire sur la plus basse grille du four, à 350 °F (180 °C), 60 à 70 minutes, jusqu'à ce qu'un couteau inséré au milieu de la tarte ressorte propre. Donne 1 tarte.

TARTE AUX TOMATES VERTES

Une excellente manière d'apprêter les tomates vertes. Cette tarte ressemble à une tarte aux pommes.

Pâte brisée pour une tarte à 2 croûtes,
    voir page 140

Tomates vertes, tranchées fin	2 tasses	500 mL
Sucre granulé	2 tasses	500 mL
Tapioca à cuisson rapide	2 c. à soupe	30 mL
Cannelle	¹/₂ c. à thé	2 mL
Muscade	¹/₈ c. à thé	0,5 mL
Jus de citron	1¹/₂ c. à soupe	25 mL
Sucre granulé	¹/₄ à ¹/₂ c. à thé	1 à 2 mL

(suite...)

Abaisser la pâte et en garnir un moule à tarte de 22 cm (9 po). Abaisser le reste de pâte pour former la croûte de dessus.

Mélanger les 6 ingrédients suivants dans un bol. Bien mêler le tout. Laisser reposer 15 minutes. Verser l'appareil dans la croûte. Humecter le bord. Centrer la croûte de dessus sur la tarte. Couper la pâte à ras le moule et pincer le bord pour sceller la tarte. Pratiquer quelques incisions dans le dessus de la tarte.

Saupoudrer de sucre. Cuire au four, à 375 °F (190 °C), quelque 45 minutes, jusqu'à ce que la garniture soit molle quand on la teste avec un couteau. Laisser refroidir. Donne 1 tarte.

TARTE AUX CAROTTES

Une recette qui date de la dépression. Elle rappelle la tarte à la citrouille.

Œufs	2	2
Sucre granulé	1/2 tasse	125 mL
Cannelle	3/4 c. à thé	4 mL
Muscade	1/2 c. à thé	2 mL
Gingembre	1/2 c. à thé	2 mL
Clous de girofle	1/8 c. à thé	0,5 mL
Carottes, cuites, en purée	1 tasse	250 mL
Lait	1 1/2 tasse	350 mL
Mélasse (au goût, mais bon)	1 c. à soupe	15 mL
Fond de tarte de 25 cm (10 po) voir page 140	1	1

Crème fouettée, voir page 30

Légèrement battre les œufs dans un bol. Ajouter les 8 ingrédients suivants, dans l'ordre donné, et mélanger le tout.

Verser l'appareil dans la croûte. Cuire sur la plus basse grille du four, à 450 °F (230 °C), 10 minutes. Baisser le four à 350 °F (180 °C) et cuire environ 45 minutes, jusqu'à ce qu'un couteau inséré au milieu de la tarte ressorte propre. Laisser refroidir.

Étaler la crème fouettée sur la tarte. Donne 1 tarte.

Remarque : on peut substituer une abaisse de tarte de 22 cm (9 po). Le cas échéant, il restera environ 150 mL (2/3 tasse) de garniture qu'il faudra cuire dans un récipient séparé.

TARTE AUX NOIX ET RAISINS SECS

Une garniture onctueuse couronnée d'une croûte croustillante. Servir garnie de crème fouettée. Ressemble à une tarte aux pacanes.

Céréales aux noix et raisins secs	1/2 tasse	125 mL
Eau tiède	1/2 tasse	125 mL
Œufs	3	3
Sucre granulé	3/4 tasse	175 mL
Sirop de maïs foncé	1 tasse	250 mL
Beurre ou margarine, fondu	3 c. à soupe	50 mL
Vanille	1 c. à thé	5 mL
Fond de tarte de 22 cm (9 po), voir page 140	1	1

Mélanger les céréales et l'eau dans un bol. Laisser reposer.

Dans un petit bol, fouetter les œufs pour les faire mousser. En battant, incorporer le sucre, le sirop, le beurre et la vanille. Incorporer à la cuillère les céréales détrempées.

Verser l'appareil dans la croûte. Cuire sur la plus basse grille du four, à 350 °F (180 °C), environ 50 minutes, jusqu'à ce que la garniture ait gonflé et soit prise. Donne 1 tarte.

CROÛTE AU BEURRE D'ARACHIDES

Un délice, qu'elle soit fourrée à la crème aux bananes, à la crème vanillée ou au chocolat.

Farine tout usage	1 tasse	225 mL
Sucre granulé	2 c. à thé	10 mL
Poudre à pâte	1/4 c. à thé	1 mL
Sel	1/4 c. à thé	1 mL
Beurre ou margarine	1/4 tasse	50 mL
Beurre d'arachides crémeux	1/4 tasse	50 mL
Eau	2 c. à soupe	30 mL

Mélanger les 6 premiers ingrédients dans un bol. Battre à basse vitesse jusqu'à obtenir un mélange grossier.

Ajouter l'eau. Rouler le mélange en boule. L'abaisser sur une surface légèrement enfarinée. En garnir un moule à tarte de 22 cm (9 po). Froncer le pourtour. Piquer le fond avec une fourchette. Cuire au four, à 400 °F (200 °C), 8 à 10 minutes. Donne 1 croûte de tarte.

PÂTE BRISÉE À L'EAU CHAUDE

Facile à faire, mais il faut la réfrigérer avant de s'en servir.

Saindoux ou graisse végétale à la température de la pièce, coupé en morceaux	**1 lb**	**454 g**
Eau bouillante	**1 tasse**	**225 mL**
Farine tout usage	**6 tasses**	**1,35 L**
Poudre à pâte	**1 c. à thé**	**5 mL**
Sel	**1 c. à thé**	**5 mL**

Mettre le saindoux dans un bol. Ajouter l'eau bouillante. Fouetter le mélange jusqu'à ce qu'il ait la même consistance que de la crème fouettée.

Ajouter les autres ingrédients. Remuer jusqu'à ce que le tout soit bien mélangé. Diviser la pâte en 4 boulettes. Les envelopper. Réfrigérer une nuit. Donne assez de pâte pour 3 ou 4 tartes à deux croûtes.

PÂTE À LA MARGARINE

Employer une margarine à basse teneur en cholestérol.

Margarine froide (non fouettée)	**1 lb**	**454 g**
Farine tout usage	**5 tasses**	**1,13 L**
Sel	**1/2 c. à thé**	**2 mL**
Poudre à pâte	**1 c. à thé**	**5 mL**
Eau froide	**1/2 tasse**	**125 mL**

Avec un mélangeur à pâtisserie ou deux couteaux, incorporer la margarine à la farine, au sel et à la poudre à pâte, jusqu'à obtenir un mélange grossier.

Arroser d'eau. Lier la pâte à la fourchette et la rouler en une grosse boule. Ajouter encore un peu d'eau au besoin , soit 15 à 30 mL (1 à 2 c. à soupe). Diviser la pâte en 4 boulettes. Les abaisser pour former les fonds de tarte. Donne 7 ou 8 fonds de tartes.

PÂTE BRISÉE CLASSIQUE

La pâte par excellence.

Farine tout usage	5 tasses	1,13 L
Cassonade	3 c. à soupe	50 mL
Sel	2 c. à thé	10 mL
Poudre à pâte	1 c. à thé	5 mL
Saindoux, plutôt froid	1 lb	454 g
Œuf	1	1
Vinaigre	2 c. à soupe	30 mL
Eau froide, jusqu'à obtenir	1 tasse	250 mL

Réunir la farine, le sucre, le sel et la poudre pâte dans un grand bol. Avec un mélangeur à pâtisserie ou deux couteaux, incorporer le saindoux jusqu'à obtenir un mélange grossier.

Casser l'œuf dans une tasse à mesurer. Le battre à la fourchette. Ajouter le vinaigre, puis de l'eau jusqu'à obtenir 225 mL (1 tasse) de liquide. Incorporer graduellement celui-ci au mélange de farine, en le travaillant à la fourchette jusqu'à ce que la pâte soit bien liée. La rouler en boule et la diviser en 4 boulettes aplaties. Les envelopper et les réfrigérer jusqu'à 2 semaines. En garder au congélateur pour ne jamais en manquer. Donne 6 à 8 fonds de tarte.

ABAISSE PRÉCUITE : Pour obtenir facilement une abaisse précuite, draper la pâte sur un moule à tarte retourné et la cuire. Le bord ne sera pas froncé, mais l'abaisse aura des côtés. Quand l'abaisse est presque refroidie, la couvrir d'un second moule à tarte, puis retourner et démouler. L'abaisse ne touchera pas le fond du second moule, mais il n'en paraîtra rien quand elle sera pleine. Que l'on cuise la pâte dans le moule ou à l'extérieur de celui-ci, il faut la piquer avec une fourchette avant de l'enfourner à 400 °F (200 °C) pendant 10 à 15 minutes, jusqu'à ce qu'elle soit dorée. Généralement, les fonds de tarte mesurent 22 cm (9 po) de diamètre. Pour en froncer le pourtour, garnir le moule d'un rond de pâte qui dépasse de 12 mm ($^1/_2$ po) sur le pourtour. Replier le surplus et le froncer (pincer) avec les doigts.

ABAISSES DE TARTELETTES : Garnir de pâte les cavités d'un moule à muffins de 7 cm ($2^5/_8$ po). Mesurer, avec une ficelle, le diamètre du cercle de pâte qu'il faudra pour remplir les cavités du moule. Les abaisses de tartelettes seront plus ou moins grandes selon le moule choisi.

ABAISSES DE TARTELETTES PRÉCUITES : Mesurer le pourtour des cavités du moule à muffins et couper la pâte en cercles en conséquence. Déposer ceux-ci sur les cavités, sur l'envers du moule. Pincer les 4 coins. Piquer la pâte avec une fourchette. Cuire au four à 400 °F (200 °C) 10 à 15 minutes, jusqu'à ce que la pâte soit dorée. Démouler les abaisses pendant qu'elles sont encore tièdes. Ou encore, piquer la pâte et la cuire dans le moule à muffins, sachant que les abaisses rétréciront un peu. On peut faire des abaisses de tartelettes de différentes tailles.

PÂTE FEUILLETÉE

Une belle pâte douce. Facile à travailler. Très riche, et feuilletée.

Farine tout usage	**1¹/₂ tasse**	**375 mL**
Beurre	**1 tasse**	**250 mL**
Crème sure	**¹/₂ tasse**	**125 mL**

Mettre la farine et le beurre dans un bol. Travailler au mélangeur à pâtisserie ou avec deux couteaux jusqu'à obtenir un mélange grossier.

Ajouter la crème sure. Lier le mélange à la fourchette. Rouler la pâte en 2 ou 3 boules aplaties. Réfrigérer une nuit, dans un sac de plastique. Au moment d'employer la pâte, l'abaisser très fin. Donne 1 abaisse de tarte.

PÂTE À L'HUILE

Simple à faire et très tendre.

Farine à gâteaux (ou tout usage)	**1¹/₂ tasse**	**375 mL**
Sucre granulé	**1 c. à thé**	**5 mL**
Sel	**¹/₂ c. à thé**	**2 mL**
Huile de cuisson	**¹/₂ tasse**	**125 mL**
Lait	**2 c. à soupe**	**30 mL**

Mélanger la farine, le sucre et le sel dans un bol. Remuer.

Bien mélanger l'huile de cuisson et le lait. L'ajouter aux ingrédients secs. Mélanger jusqu'à obtenir une boule de pâte. Abaisser la pâte entre 2 feuilles de papier ciré, ou la presser dans un moule à tarte de 22 cm (9 po). Piquer la pâte avec une fourchette et l'enfourner ou la remplir et la cuire. Donne 1 abaisse de tarte.

PÂTE À L'ANCIENNE

Une recette des temps passés qui est encore employée aujourd'hui.

Graisse végétale (ou saindoux)	1 lb	454 g
Farine tout usage	4 tasses	900 mL
Poudre à pâte (au goût)	1 c. à thé	5 mL
Sel (au goût)	1 c. à thé	5 mL
Eau froide	1/2 tasse	125 mL

Mélanger les 4 premiers ingrédients dans un grand bol. Couper la graisse végétale en morceaux de la taille d'une noix. Avec un mélangeur à pâtisserie ou deux couteaux, travailler le mélange jusqu'à obtenir un mélange grossier.

Arroser d'un peu d'eau. Lier la pâte à la fourchette et la rouler en boule. Diviser la pâte en 4 boules aplaties. Envelopper la pâte et la réfrigérer. Donne 6 abaisses.

ABAISSE DOUBLE : Pour faire une tarte à deux croûtes de 22 cm (9 po), utiliser 375 mL (1½ tasse) de farine tout usage, 150 mL (¾ tasse) de graisse végétale et 100 mL (6 c. à soupe) d'eau.

PÂTE À L'ORANGE : Substituer du jus d'orange à l'eau.

1. Tarte au sucre page 75
2. Tarte au caramel écossais page 61
3. Tarte aux dattes à la crème sure page 101

TARTELETTES AUX FRAISES ET FROMAGE

Meilleures servies sur-le-champ.

Brisures de chocolat mi-sucré, fondues	1/2 tasse	125 mL
Abaisses de tartelettes précuites, voir page 140	12	12
Fromage à la crème, ramolli	4 oz	125 g
Sucre granulé	1/2 tasse	125 mL
Crème sure	3 c. à soupe	50 mL
Essence d'orange	1/4 c. à thé	1 mL
Vanille	1/4 c. à thé	1 mL
GARNITURE		
Fraises fraîches, tranchées	24	24
Gelée de fraises, fondue	2 c. à soupe	30 mL

Étaler environ 5 mL (1 c. à thé) de chocolat au fond de chacune des abaisses de tartelettes. Réfrigérer pour faire durcir le chocolat.

Battre le fromage à la crème, le sucre et la crème sure dans un petit bol jusqu'à obtenir un mélange homogène. Incorporer l'essence d'orange et la vanille. Dresser le mélange à la cuillère sur le chocolat. Réfrigérer 1 heure.

Garniture : Déposer les fraises sur les tartelettes et les badigeonner de gelée de fraises fondue. Réfrigérer. Donne 12 tartelettes.

TARTELETTES À LA COCOFITURE

De la confiture rouge décorée de noix de coco. Très facile à manger.

Confiture de framboises (ou autre)	12 c. à thé	60 mL
Abaisses de tartelettes, voir page 140	12	12
Œuf	1	1
Sucre granulé	3/4 tasse	175 mL
Sirop de maïs	3 c. à soupe	50 mL
Noix de coco, râpée moyen	3/4 tasse	175 mL
Vanille	3/4 c. à thé	4 mL
Sel	1/4 c. à thé	1 mL

Déposer 5 mL (1 c. à thé) de confiture dans chacune des abaisses de tartelettes.

Dans un petit bol, battre l'œuf pour le faire mousser. Y incorporer le sucre et le sirop de maïs, puis la noix de coco, la vanille et le sel. Dresser le mélange sur la confiture, remplissant les abaisses au 2/3. Cuire sur la plus basse grille du four, à 400 °F (200 °C), quelque 10 minutes, jusqu'à ce que la pâte soit dorée. Donne 12 à 14 tartelettes.

Photo à la page 107.

BARQUETTES AUX FRAMBOISES

De délicates tartelettes fourrées de confiture, à consistance de flan.

Confiture de framboises	12 c. à thé	60 mL
Abaisses de tartelettes, voir page 140	12	12
GARNITURE		
Beurre ou margarine, ramolli	1/4 tasse	50 mL
Sucre granulé	1/4 tasse	50 mL
Œuf, battu	1	1
Farine tout usage	1/2 tasse	125 mL
Poudre à pâte	1/4 c. à thé	1 mL
Essence de vanille ou d'amande	1/4 c. à thé	1 mL
Sucre à glacer		

Déposer une petite cuillerée de confiture dans chacune des abaisses de tartelette.

Garniture : Battre en crème le beurre et le sucre. Y incorporer l'œuf au fouet.

Ajouter la farine, la poudre à pâte et la vanille. Mélanger le tout. Déposer environ 15 mL (1 c. à soupe) du mélange sur la confiture, dans chacune des abaisses. Cuire sur la plus basse grille du four, à 375 °F (190 °C), quelque 20 minutes, jusqu'à ce que les tartelettes soient bombées et fermes. Un cure-dents de bois inséré dans une tartelette devrait ressortir propre.

Décorer de sucre à glacer avant de servir. Donne 12 tartelettes.

Photo à la page 107.

TARTELETTES À LA CONFITURE

À l'origine, cette recette servait à finir les restants de pâte. Aujourd'hui, on la fait pour le plaisir.

Confiture de framboises
Confiture d'abricots
Abaisses de tartelettes, voir page 140

Déposer une grosse cuillerée de confiture de framboises dans la moitié des abaisses de tartelettes et de confiture d'abricots dans les autres. Cuire sur la plus basse grille du four, à 400 °F (200 °C), jusqu'à ce que la croûte soit dorée. Si le four est déjà pris par une tarte qui cuit à 350 °F (180 °C), on peut cuire les tartelettes à cette température, mais la cuisson sera plus longue.

Photo à la page 89.

TARTELETTES FRITES

Une variante méconnue, mais à essayer.

Abricots, en conserve, égouttés	14 oz	398 mL
Sucre granulé	$1/2$ tasse	125 mL
Jus de citron (au goût)	2 c. à thé	10 mL
Fécule de maïs	2 c. à soupe	30 mL

Pâte, voir page 140

Huile de friture

Sucre à glacer

Réduire les abricots en purée dans une casserole moyenne. Y ajouter le sucre, le jus de citron et la fécule de maïs. Bien mélanger. Chauffer et porter à ébullition en remuant, jusqu'à épaississement. Le mélange sera épais. Le laisser refroidir complètement.

Abaisser la pâte et la couper en 16 ronds de 13 cm (5 po) de diamètre. En mettre un dans une soucoupe et y déposer 15 mL (1 c. à soupe) de fruits, sur un côté. Humecter la moitié du pourtour du rond de pâte. Rabattre la pâte sur les fruits et sceller le tout avec une fourchette.

Frire dans l'huile chauffée à 400 °F (200 °C) quelque 3 minutes, jusqu'à ce que la pâte soit dorée sur les deux faces. Égoutter sur une serviette de papier.

Au moment de servir, saupoudrer de sucre à glacer tamisé. Donne 16 tartes frites.

Photo à la page 107.

TARTELETTES AU CHOCOLAT FRITES

Lait	$1/2$ tasse	125 mL
Sucre granulé	$1/3$ tasse	75 mL
Cacao	$1^1/2$ c. à soupe	25 mL
Farine tout usage	$1^1/2$ c. à soupe	25 mL
Œuf	1	1
Vanille	$1/4$ c. à thé	1 mL

Faire chauffer le lait et le sucre dans une petite casserole, en remuant souvent jusqu'à ébullition.

En attendant, mélanger le cacao et la farine dans un petit bol. Y ajouter l'œuf et la vanille. Bien mélanger le tout. Incorporer ce mélange au lait bouillant en remuant, jusqu'à ce que le mélange bout de nouveau et épaississe. Donne environ 6 tartes frites.

AUTRES TARTELETTES FRITES : Essayer d'autres garnitures, mais seulement des garnitures cuites.

TARTELETTES À L'ABRICOT

Des abricots en conserve et de la crème anglaise servis en tartelettes.
Ressemblent à des œufs frits.

Sucre granulé	3 c. à soupe	50 mL
Farine tout usage	3 c. à soupe	50 mL
Lait	1 tasse	250 mL
Vanille	1 c. à thé	5 mL
Abaisses de tartelettes précuites, voir page 140	12	12
Moitiés d'abricots, en conserve, égouttés, jus réservé	14 oz	398 mL
Jus d'abricot réservé	½ tasse	125 mL
Jus de citron	½ c. à thé	2 mL
Fécule de maïs	1 c. à soupe	15 mL
Sucre granulé	2 c. à soupe	30 mL
Jus de citron	1 c. à thé	5 mL

Bien mélanger la première mesure de sucre et la farine dans une petite casserole. Ajouter le lait et la vanille. Remuer jusqu'à obtenir un mélange homogène. Porter à ébullition à feu moyen, en remuant jusqu'à épaississement. Retirer du feu et laisser refroidir quelques instants.

Dresser l'appareil à la cuillère dans les abaisses de tartelettes.

Déposer une moitié d'abricot, côté bombé vers le haut, sur la crème dans chacune des abaisses.

Mélanger les autres ingrédients dans une petite casserole. Porter à ébullition en remuant jusqu'à épaississement. Laisser refroidir quelques instants. Ajouter le jus de citron. Napper les abricots. Donne 12 tartelettes.

TARTELETTES AU CHOCOLAT

Tout en chocolat!

Carrés de chocolat mi-sucré, coupés en morceaux	3 x 1 oz	3 x 28 g
Jaunes d'œufs	3	3
Blancs d'œufs, à la température de la pièce	3	3
Crème à fouetter (ou ³/₄ d'un sachet de garniture à dessert)	³/₄ tasse	175 mL
Essence de rhum	³/₄ c. à thé	4 mL
Abaisses de tartelettes précuites, voir page 140	12	12

Faire fondre le chocolat dans une casserole, à feu doux. Y ajouter les jaunes d'œufs. Fouetter le mélange jusqu'à ce qu'il soit homogène et épais.

Avec des fouets propres et dans un petit bol, monter les blancs d'œufs en neige ferme. Mettre de côté.

Dans un autre petit bol, avec les mêmes fouets, fouetter la crème pour qu'elle épaississe. Incorporer l'essence de rhum. Incorporer les blancs d'œufs au chocolat en pliant, puis incorporer le tout à la crème fouettée en pliant.

Dresser à la cuillère dans les abaisses de tartelettes. Réfrigérer. Donne 12 tartelettes.

TARTELETTES AU CARAMEL ÉCOSSAIS

Une tartelette riche, qui contient des brisures de caramel, de la noix de coco et des noix de Grenoble.

Beurre ou margarine, ramolli	¹/₄ tasse	60 mL
Cassonade, tassée	1 tasse	250 mL
Œuf	1	1
Vanille	¹/₂ c. à thé	2 mL
Noix de Grenoble, hachées	2 c. à soupe	30 mL
Noix de coco, râpée moyen	2 c. à soupe	30 mL
Brisures de caramel au beurre	1 tasse	250 mL
Abaisses de tartelettes, voir page 140	12	12

Dans un bol, battre en crème le beurre et le sucre à la cuillère. Y incorporer l'œuf et la vanille, puis les noix, la noix de coco et les brisures de caramel.

Dresser le mélange dans les abaisses de tartelettes à la cuillère, les remplissant au ²/₃. Cuire au four à 375 °F (190 °C) 15 à 20 minutes jusqu'à ce que les tartelettes soient dorées. Donne 12 tartelettes.

TARTELETTES AU MINCEMEAT

Un dessert favori, à déguster avec de la crème glacée. Il suffit d'en garder au congélateur pour s'en régaler à l'année longue.

Mincemeat, passé au mélangeur	2 tasses	450 mL
Compote de pommes	3/4 tasse	175 mL
Tapioca à cuisson rapide	1 1/2 c. à soupe	25 mL
Abaisses de tartelettes, voir page 140	36	36
Pâte brisée pour les dessus des tartelettes	36	36
Sucre granulé	1 c. à thé	5 mL

Dans un petit bol, mélanger le mincemeat, la compote et le tapioca.

Dresser le mélange à la cuillère dans les abaisses, les remplissant au 3/4. Humecter le pourtour. Mettre en place les dessus. Pincer le bord pour sceller. Pratiquer 2 ou 3 petites incisions dans les dessus des tartelettes.

Saupoudrer de sucre. Cuire sur la plus basse grille du four, à 400 °F (200 °C), quelque 15 minutes, jusqu'à ce que les tartelettes soient dorées. La garniture se conserve des mois au réfrigérateur. Donne environ 625 mL (2 3/4 tasses) de garniture ou 36 tartelettes.

TARTELETTES AU BEURRE

Une garniture collante, sucrée et onctueuse.

Raisins secs ou raisins de Corinthe	1/3 tasse	75 mL
Abaisses de tartelettes, voir page 140	12	12
Œuf	1	1
Cassonade, tassée	1/2 tasse	125 mL
Beurre ou margarine, ramolli	3 c. à soupe	50 mL
Jus de citron	1 c. à thé	5 mL
Vanille	1 c. à thé	5 mL
Noix de Grenoble, hachées (au goût)	2 c. à soupe	30 mL

Répartir les raisins secs dans les abaisses de tartelettes.

Fouetter l'œuf dans un bol, à la cuillère, jusqu'à obtenir un mélange homogène. Ajouter les 4 ingrédients suivants, dans l'ordre donné. Ajouter les noix de Grenoble s'il y a lieu. Dresser cet appareil à la cuillère sur les raisins secs, en remplissant les abaisses au 2/3. Cuire sur la plus basse grille du four, à 375 °F (190 °C), 12 à 15 minutes, jusqu'à ce que la pâte soit dorée et que la garniture gonfle, mais sans qu'elle fissure. Laisser refroidir. Ces tartelettes se congèlent bien. Donne 12 tartelettes.

Photo à la page 125.

Dans le présent livre de cuisine, les mesures sont données dans les systèmes impérial et métrique. Pour compenser l'écart entre les deux systèmes créé quand les quantités sont arrondies, une pleine mesure métrique n'est pas toujours utilisée.

La tasse utilisée correspond aux huit onces liquides courantes. La température est donnée en degrés Fahrenheit et Celcius. Les dimensions des moules à cuisson sont en pouces et en centimètres ainsi qu'en pintes et en litres. Une table de conversion exacte, qui donne l'équivalence pratique (mesure courante), suit.

IMPÉRIAL	MÉTRIQUE	
	Conversion exacte	Mesure courante
Cuillerées	millilitre (mL)	millilitre (mL)
1/4 cuillerée à thé (c. à thé)	1,2 mL	1 mL
1/2 cuillerée à thé (c. à thé)	2,4 mL	2 mL
1 cuillerée à thé (c. à thé)	4,7 mL	5 mL
2 cuillerées à thé (c. à thé)	9,4 mL	10 mL
1 cuillerée à soupe (c. à soupe)	14,2 mL	15 mL
Tasses		
1/4 tasse (4 c. à soupe)	56,8 mL	50 mL
1/3 tasse (5 1/3 c. à soupe)	75,6 mL	75 mL
1/2 tasse (8 c. à soupe)	113,7 mL	125 mL
2/3 tasse (10 2/3 c. à soupe)	151,2 mL	150 mL
3/4 tasse (12 c. à soupe)	170,5 mL	175 mL
1 tasse (16 c. à soupe)	227,3 mL	250 mL
4 1/2 tasses	1022,9 mL	1 000 mL, 1 litre (1 L)
Onces (oz)	**Grammes (g)**	**Grammes (g)**
1 oz	28,3 g	30 g
2 oz	56,7 g	55 g
3 oz	85,0 g	85 g
4 oz	113,4 g	125 g
5 oz	141,7 g	140 g
6 oz	170,1 g	170 g
7 oz	198,4 g	200 g
8 oz	226,8 g	250 g
16 oz	453,6 g	500 g
32 oz	907,2 g	1 000 g, 1 kilogramme (1 kg)

MOULES, RÉCIPIENTS

Impérial	Métrique	Impérial	Métrique
8 × 8 po	20 × 20 cm	1 2/3 pte	2 L
9 × 9 po	22 × 22 cm	2 pte	2,5 L
9 × 13 po	22 × 33 cm	3 1/3 pte	4 L
10 × 15 po	25 × 38 cm	1 pte	1,2 L
11 × 17 po	28 × 43 cm	1 1/4 pte	1,5 L
8 × 2 po (rond)	20 × 5 cm	1 2/3 pte	2 L
9 × 2 po (rond)	22 × 5 cm	2 pte	2,5 L
10 × 4 1/2 po (vacherin)	25 × 11 cm	4 1/4 pte	5 L
8 × 4 × 3 po (pain)	20 × 10x7 cm	1 1/4 pte	1,5 L
9 × 5 × 3 po (pain)	23 × 12x7 cm	1 2/3 pte	2 L

TEMPÉRATURES DU FOUR

Fahrenheit (°F)	Celsius (°C)
175°	80°
200°	95°
225°	110°
250°	120°
275°	140°
300°	150°
325°	160°
350°	175°
375°	190°
400°	205°
425°	220°
450°	230°
475°	240°
500°	260°

INDEX

COMPANY'S COMING
PUBLISHING LIMITED
C.P. 8037, SUCCURSALE F
EDMONTON (ALBERTA)
CANADA T6H 4N9

LIVRES DE CUISINE

ÉCONOMISEZ
5, 00$

ÉCONOMISEZ 5 $ *Commandez par la poste deux livres de cuisine au prix régulier et économisez 5 $ par commande sur un troisième livre.*

ANGLAIS	QUANTITÉ	MONTANT
TITRE	(Couverture rigide à 17,95 $)	
JEAN PARÉ'S FAVORITES		
VOLUME ONE - 232 pages		
TITRES	(Couverture souple à 10,95 $)	
150 DELICIOUS SQUARES		
CASSEROLES		
MUFFINS & MORE		
SALADS		
APPETIZERS		
DESSERTS		
SOUPS & SANDWICHES		
HOLIDAY ENTERTAINING		
COOKIES		
VEGETABLES		
MAIN COURSES		
PASTA		
CAKES		
BARBECUES		
DINNERS OF THE WORLD		
LUNCHES		
PIES		
LIGHT RECIPES (avril 1993)		
TOTAL LIVRES ANGLAIS (ramener le total à la prochaine colonne)		$

FRANÇAIS	QUANTITÉ	MONTANT
TITRE	(couverture souple 10,95 $)	
150 DÉLICIEUX CARRÉS		
LES CASSEROLES		
MUFFINS ET PLUS		
LES DÎNERS		
LES BARBECUES		
LES TARTES		
DÉLICES DES FÊTES		
RECETTES LÉGÈRES (avril '93)		
TOTAL DES LIVRES FRANÇAIS		$
TOTAL DES LIVRES ANGLAIS		$
TOTAL DE TOUS LES LIVRES		$
MOINS 5 $ pour le troisième livre de la commande		—
PLUS 1,50 $ **PAR LIVRE** frais de port et de manutention		+
SOUS-TOTAL		$
TPS au Canada seulement #R101075620		+
MONTANT TOTAL INCLUS		$

Veuillez envoyer les livres de cuisine à l'adresse inscrite au verso de ce bon de commande.

• **COMMANDES HORS CANADA :**
Doivent être payées en fonds américains par chèque
ou mandat tiré sur une banque canadienne ou américaine.

• **FAIRE LE CHÈQUE OU LE MANDAT À :** *COMPANY'S COMING PUBLISHING LIMITED.*

• Prix susceptibles de changer sans préavis.
• Pas de paiement sur livraison.

▼ CARTE CADEAU ▼
Nous nous ferons un plaisir d'inclure un mot de votre part avec les livres de cuisine
que nous expédions comme cadeaux en votre nom.

- -

UN CADEAU POUR VOUS

Jean Paré

LIVRES DE CUISINE ®

BEST SELLER NATIONAL

J'aimerais recevoir les livres de cuisine Jean Paré indiqués au verso de ce bon de commande.

NOM _____
(EN LETTRES MOULÉES S.V.P.)

RUE _____

VILLE _____

PROVINCE/ÉTAT _____ CODE POSTAL/ZIP _____

OFFREZ LE PLAISIR DE LA BONNE CHÈRE.

Laissez-nous vous offrir un cadeau! Nous expédierons des livres de cuisine directement aux destinataires de votre choix si vous nous donnez leurs noms et adresses. N'oubliez pas de préciser les titres des livres de cuisine que vous désirez envoyer à chaque personne.

Joignez une note ou une carte personnelle pour chaque cadeau ou utilisez notre pratique carte cadeau ci-dessous.

Les livres de cuisine Jean Paré sont de parfaits cadeaux pour marquer un anniversaire, des fiançailles,une naissance, la fête des Mères, la fête des Pères, une graduation ou une autre occasion... collectionnez-les tous!

N'oubliez pas de profiter de la remise de **5 dollars... Achetez deux livres de cuisine par la poste et épargnez 5 dollars sur le troisième livre commandé.**

CARTE CADEAU

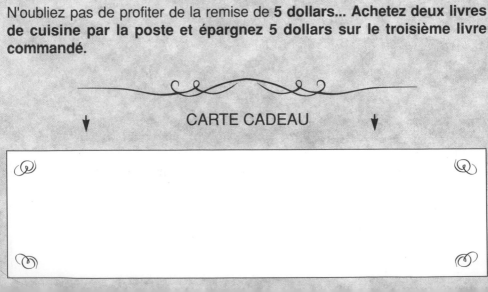

COMPANY'S COMING
PUBLISHING LIMITED
C.P. 8037, SUCCURSALE F
EDMONTON (ALBERTA)
CANADA T6H 4N9

ÉCONOMISEZ
5,00$

ÉCONOMISEZ 5 $

Commandez par la poste deux livres de cuisine au prix régulier et économisez 5 $ par commande sur un troisième livre.

ANGLAIS	QUANTITÉ	MONTANT
TITRE	(Couverture rigide à 17,95 $)	
JEAN PARÉ'S FAVORITES VOLUME ONE - 232 pages		
TITRES	(Couverture souple à 10,95 $)	
150 DELICIOUS SQUARES		
CASSEROLES		
MUFFINS & MORE		
SALADS		
APPETIZERS		
DESSERTS		
SOUPS & SANDWICHES		
HOLIDAY ENTERTAINING		
COOKIES		
VEGETABLES		
MAIN COURSES		
PASTA		
CAKES		
BARBECUES		
DINNERS OF THE WORLD		
LUNCHES		
PIES		
LIGHT RECIPES (avril 1993)		
TOTAL LIVRES ANGLAIS (ramener le total à la prochaine colonne)	$	

FRANÇAIS	QUANTITÉ	MONTANT
TITRE	(couverture souple 10,95 $)	
150 DÉLICIEUX CARRÉS		
LES CASSEROLES		
MUFFINS ET PLUS		
LES DÎNERS		
LES BARBECUES		
LES TARTES		
DÉLICES DES FÊTES		
RECETTES LÉGÈRES (avril '93)		
TOTAL DES LIVRES FRANÇAIS		$
TOTAL DES LIVRES ANGLAIS		$
TOTAL DE TOUS LES LIVRES		$
MOINS 5 $ pour le troisième livre de la commande		−
PLUS 1,50 $ PAR LIVRE frais de port et de manutention		+
SOUS-TOTAL		$
TPS au Canada seulement #R101075620		+
MONTANT TOTAL INCLUS		$

Veuillez envoyer les livres de cuisine à l'adresse inscrite au verso de ce bon de commande.

• **COMMANDES HORS CANADA :**
Doivent être payées en fonds américains par chèque ou mandat tiré sur une banque canadienne ou américaine.

• Prix susceptibles de changer sans préavis.
• Pas de paiement sur livraison.

• **FAIRE LE CHÈQUE OU LE MANDAT À :** *COMPANY'S COMING PUBLISHING LIMITED.*

▼ **CARTE CADEAU** ▼

Nous nous ferons un plaisir d'inclure un mot de votre part avec les livres de cuisine que nous expédions comme cadeaux en votre nom.

- -

Jean
Paré
LIVRES DE CUISINE

UN CADEAU POUR VOUS

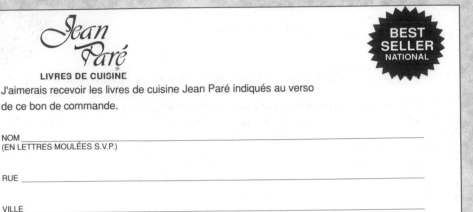

Jean Paré
LIVRES DE CUISINE

J'aimerais recevoir les livres de cuisine Jean Paré indiqués au verso de ce bon de commande.

BEST SELLER
NATIONAL

NOM _____
(EN LETTRES MOULÉES S.V.P.)

RUE _____

VILLE _____

PROVINCE/ÉTAT_____ CODE POSTAL/ZIP _____

OFFREZ LE PLAISIR DE LA BONNE CHÈRE.

Laissez-nous vous offrir un cadeau! Nous expédierons des livres de cuisine directement aux destinataires de votre choix si vous nous donnez leurs noms et adresses. N'oubliez pas de préciser les titres des livres de cuisine que vous désirez envoyer à chaque personne.

Joignez une note ou une carte personnelle pour chaque cadeau ou utilisez notre pratique carte cadeau ci-dessous.

Les livres de cuisine Jean Paré sont de parfaits cadeaux pour marquer un anniversaire, des fiançailles,une naissance, la fête des Mères, la fête des Pères, une graduation ou une autre occasion... collectionnez-les tous!

N'oubliez pas de profiter de la remise de **5 dollars... Achetez deux livres de cuisine par la poste et épargnez 5 dollars sur le troisième livre commandé.**

CARTE CADEAU

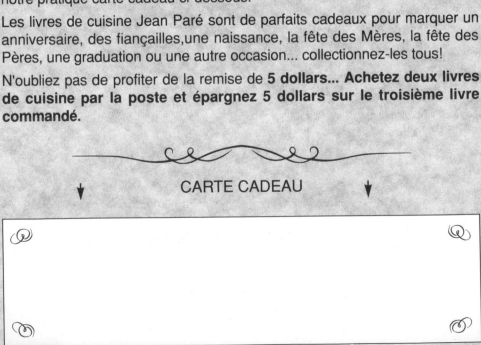